U0120541

九年一贯制学校
办学的实践智慧

潘国青　马园根 ○ 主编

上海教育出版社
SHANGHAI EDUCATIONAL
PUBLISHING HOUSE

图书在版编目（CIP）数据

九年一贯制学校办学的实践智慧 / 潘国青，马园根
主编. — 上海：上海教育出版社，2024.8
ISBN 978-7-5720-2639-3

Ⅰ.①九… Ⅱ.①潘… ②马… Ⅲ.①九年一贯制 –
学校管理 – 研究 – 上海 Ⅳ.①G639.22

中国国家版本馆CIP数据核字(2024)第107276号

责任编辑　蒋文妍
封面设计　蒋　妤

九年一贯制学校办学的实践智慧
潘国青　马园根　主编

出版发行　上海教育出版社有限公司
官　　网　www.seph.com.cn
地　　址　上海市闵行区号景路159弄C座
邮　　编　201101
印　　刷　启东市人民印刷有限公司
开　　本　700×1000　1/16　印张 14.75
字　　数　241 千字
版　　次　2024年8月第1版
印　　次　2024年8月第1次印刷
书　　号　ISBN 978-7-5720-2639-3/G·2330
定　　价　69.00 元

如发现质量问题，读者可向本社调换　电话：021-64373213

本书编委会

主　　　编　潘国青　马园根

编委会成员　王涣文　罗宇锋　吴庆琳　张祝文

　　　　　　尹纪平　刘　莉　熊立敏

序
Preface

20世纪80年代初,伴随着改革开放、教育创新,我国发达地区如北京、上海、深圳等地率先进行了九年一贯制办学的试验,义务教育阶段出现了九年一贯制学校。这一试验一出现,就受到了教育界和政府的高度重视和关注。时任国家教委副主任柳斌同志曾指出:"九年义务教育学制,最好的九年一贯制。因为这种学制最能体现循序渐进的原则,解决小学与初中的衔接问题,可以合理地安排课程,更有效地利用学时,从而更好地提高办学质量和效益。但是,九年一贯制对校舍、设备、师资等办学条件要求比较高,许多地方难以做到。"尽管九年一贯制办学要求比较高,但各地的探索从未停止过脚步。九年一贯制学校的办学实践几乎遍及全国各个省、自治区、直辖市,九年一贯制学校已成为我国义务教育学制的一个重要类型。

党的十八届三中全会做出的《中共中央关于全面深化改革若干重大问题的决定》对"深化教育领域综合改革"进行了战略部署,特别提及要"试行学区制和九年一贯对口招生"。近10年,九年一贯制办学的实践和研究在全国各地引起了广泛关注。如今,很多地区新建的公建配套学校首选九年一贯制学校的形式。2022年的统计数据显示,全国现有九年一贯制学校18 168所,近10年增加了近5 000所。

上海是最早进行九年一贯制办学试验的地区之一。1984年在上海市政府和长宁区政府支持下,上海建青实验学校成立,首先进行了九年一贯制办学的探索和实验。如今40年过去了,上海九年一贯制学校历经了萌芽和启动、兴起和拓展、壮大和发展三个阶段。教育统计数据显示,上海目前共设立九年一贯制学校222所(含民办41所)。从上海第一所和第一批九年一贯制学校的试验始,从上海较为成功的九年一贯制办学的实践看,九年一贯制学校试验始终伴随着教育科研,随时代脚步前行,随教育改革潮流脉动,进行着教育改革的探索。

为了加强九年一贯制办学的建设,2004年还专门建立了上海市教育学会九年一贯制学校管理专业委员会(以下简称专委会)。专委会由近20位校长、2位专职市研究人员和1位市教育行政人员组成。近20年来,他们以专委会为平台,以教育科研为引领,开展了一系列调研、研讨、交流、经验总结及展示活动,对上海九年一贯制学校现状进行了全面的调查和梳理,对九年一贯制学校的办学思路、办学理念、管理方略、德育方略、课程方略、教学方略、师训方略进行了全方位的探索,于2010年、2014年先后编辑出版了《九年一贯制学校办学方略与实践》和《九年一贯制学校办学实践与思考》,并辐射推广研究成果,指导学校的实践,推进了全国九年一贯制学校的发展。

如今出版的《九年一贯制学校办学的实践智慧》一书是由专委会于2023年集中策划的第三部作品,遴选和汇集了上海20余所九年一贯制学校近10年来的主要实践和探索,集中反映了在贯彻党的二十大精神,发展素质教育,核心素养导向,新课程、新课标引领下,九年一贯制学校的新思考、新研究、新经验和新发展。

纵览全书可以发现,本书具有三个鲜明的特点。

一是全程性。"九年一贯,全程视野"是本书内涵的最大特征。九年一贯制办学超越了传统的中小学文化的区隔,呈现了对九年一贯通盘考虑的长期教育目标的理解、认同,以及规划拟订、顶层设计和探索实践。

如:上海市建青实验学校充分发挥自身学制特点,九年一以贯之地以素养教育为导向构建了学校特色课程;东华大学附属实验学校的"核心素养导向的九年一贯'一体化教育'的实践",构建了九年一体化的德育目标体系,搭建了九年递阶式的经纬课程体系;黄浦区教育学院附属中山学校打破壁垒,以科学实验为衔接点,通过中小学科学类课程的衔接,建立了一个有利于培养学生科学素养的九年一贯的循序发展的科学实验序列;奉贤区育秀实验学校依托九年一贯优势,以"诚·恒"校训为引领,教育目标体现九年一贯,教育方法注重九年连贯,形成了"诚恒引领,自主管理"的行规教育品牌特色;松江区的三新学校在"和美教育"核心理念下提出了整体构建九年一贯序列化、层次性的"和煦德育"课程体系。

二是时代性。文章内容紧扣时代脉搏,围绕当下核心素养导向发展素质教育,德智体美劳五育融合,对当下的跨学科课程、学习素养的项目化学习、全员导师制建设、减轻学生过重的课业负担、加强课后服务的教育热点和难点问题都有积极的探索和回应,以及对学生的综合评价、教师专业发展和学校高质量的内涵发展、新优质学校建设都有新的行动和举措,并在实践中积极践行"双新""双减"政策,借鉴教育的新理论、新成果和新方法,理论指导实践,具有鲜明时代色彩。

江宁学校以"促进学生的生命成长"为核心理念,以培养"有责任、会学习、能创新、善合作"的学生为目标,整体架构综合实践活动课程的内容结构,形成了开发课程内容的四条途径。上海音乐学院附属实验学校基于九年一贯的全程视野,以小初衔接为突破方向,以学生多样化、个性化和生动化的发展为目标导向,开展"'妙竹生趣'跨学科创智实践课程"的建构与实施,不仅拓宽了跨学科校本特色课程的外延,同时还带动课堂文化的变革,深化课程内涵。上海市西郊学校积极开展全员导师制,形成了"完成顶层设计,统筹导师工作;进行导师培训,提升育人能力;开展双导上线,提升育人能力;探索整合资源,凸显协同育人;借助依托平台,搭建导师体系"的五个校本策略,系统构架完善的导师制体系,培养了一批亦师亦友的导师团队,为学生的全面发展赋能。静安教育学院附属学校践行"双减"政策,坚持"五育并举"的育人原则、"学生发展"的差异原则、"学校特色"的传承原则,构建起"5+2"课后服务课程,实现"三段式"服务时间、"全覆盖"服务人员、"多样化"课程内容、"多元化"课程评价,有计划、有目的、有实施、有评价地开展课后服务,彰显课后服务独特的育人价值,为学校教育开创了另一片新天地,为学生五育并举、融合发展开辟了新路径。嘉定区练川实验学校的九年一贯劳动教育课程一体化建设,架构了"一个理念、两个目标、三项内容、四项原则、一条路径"的整体性课程框架,梳理出了一条"四横九纵"的教育线轴,制定出了劳动教育课程图谱,打造了"品质生活,幸福成长"生涯导航视角下的九年一体化劳动教育课程。上海市新黄浦实验学校借鉴新兴的教育神经科学理论和成果,为教师教育教学提供了新的视角和方法,帮助教师理解学生的神经机制、认知发展阶段、动机影响因素,探索并打造高效的课堂教学,给人耳目一新的感觉,具有鲜明的时代气息。

三是实践性。本书的作者群主要是九年一贯制学校的校长,校长处在学校教育第一线,是实实在在的办学者,具有天然的实践性。

与20世纪80年代初不同的是,当时的文章主要是专家研究者在阐述和论证九年一贯制办学的优越性,校长办学仅仅是初探和试验,鲜有丰富的实践和经验。而如今上海九年一贯制办学已走过近40年的历程,校长九年一贯制办学已有了丰富的积淀。尤其是近10年来，在《中共中央关于全面深化改革若干重大问题的决定》特别提及要"试行学区制和九年一贯对口招生"的精神感召下，广大九年一贯制学校校长的办学热情高涨，校长认真学习，勇于实践，带领教师积极探索和改革，出现一批九年一贯制学校办学的成功经验和教学成果。

本书详细描述了近年来20余所学校的办学思路、实践探索和发展轨迹，不仅有办学理念的引领、发展规划的顶层设计，还有具体的操作路径和实施手段。从办学篇第一篇论文，到特色篇的最后一篇文章，经验的阐述和案例的呈现鲜活生动，可感可信可学，可谓是有理性思考、有方法、有举措、有行动、有实效、有成果，理论联系实际，具有很强的可操作性和借鉴性。《九年一贯制学校办学的实践智慧》正如其书名，倾注了广大校长和教师办学的热情和心血，凝聚着校长、教师和研究者辛勤耕耘的聪明才智和实践智慧。

上海是最早探索九年一贯制办学的城市，上海教育历来受到教育部和兄弟城市同行的关注。我们衷心希望九年一贯制学校的校长和教师在核心素养导向下、发展素质教育的新的教育改革的形势下，践行"双新""双减"政策，以课程教学改革为抓手，充分认识和发挥九年一贯制的优越性，注重文化特色和内涵建设，为上海义务教育优质均衡和高质量发展、为素质教育发展提供新的经验。

本书是近年来上海九年一贯制学校最新的办学思考和成果经验的集锦，希望它能够给九年一贯制学校校长、教师、研究者和教育行政人员带来启示和帮助。

杨振峰

（上海市教育委员会副主任、教授）

2024年3月

目录
Contents

第一章　办学篇：九年一贯　全程视野

核心素养导向的九年一贯
"一体化教育"的实践

东华大学附属实验学校　周卫斌

摘要： 东华大学附属实验学校是松江区人民政府与东华大学合作开办的一所九年一贯制学校。自办学以来，学校努力在教育综合改革中寻求突破和发展，以九年一贯教育研究为切入口，结合大小东华共建，逐步摸索出了一套适合本校实际情况的九年一贯教育模式和经验。本文着重以贯通培养为主线，阐述学校在德育、课程、共建、队伍四个方面的办学举措，充分利用九年一贯制学校的贯通优势，为学生成长提供连续性的学习环境和学习空间，不断深化学校内涵建设，推动学校的转型和升级。

关键词： 核心素养导向　九年一贯　一体化教育

我校作为一所九年一贯制学校，自办学以来一直在实践探索九年一贯教育，在德育目标体系化构建、经纬课程递阶式搭建、共建项目全方位开发、师资研训互动式铺设方面尝试创新改革，努力使中小学教育的衔接贯通更加紧密，缩小教育差距，促进学生成长。

一、构建九年一体化的德育目标体系

德育是影响学生一生的教育。基于九年一贯的特点，学校积极构建一至九年级都适切的一体化德育目标体系，促进学生优良道德的养成和独特个性的培育。

（一）德育为先，行规起步

1. 注重目标分层

学校以培养"尚礼明德"的东华学子为总目标，根据学生的特点，遵循学生的阶段发展规律，从经度和纬度两个层面将行规教育内化至学校全面育人的每个环节，培育学生遵守规则、谦让好善、崇尚礼智、明晓德行的良好意识和习惯，为学生的全面发展和终身发展奠基，帮助学生打好精彩人生的底色。在总目标指导下,学校还根据一至九年级学生年龄特点,制定行规教育分年级目标。一、二年级以"规则教育"为主,培养学生"守规则"能力,帮助学生学会"爱自己";三、四、五年级以"感恩教育"为主,促进学生"会感恩",帮助学生学会"爱他人";六、七年级以"团队教育"为主,引导学生"善交往""懂合作",学会"爱集体";八、九年级以"责任教育"为主,培养"有担当""爱祖国"的经纬之才。

2. 注重体系推进

学校锚定"十四五"教育目标,全力打造 2.0 版本东华大学附属实验学校德育体系,即以"一纵(养成教育)、一横(专题教育)"为核心内容,以"一轴(主题活动)、一核(队伍建设)、一网(家校社及大学)"为载体的行为规范教育网络。按照点、线、面设计搭建整体性框架,推进经纬德育体系化;以年级分层为脉络,注重日常行规养成,纵向一贯抓衔接,打造一至九年级循序渐进、螺旋上升、各有侧重的行规养成教育。"蒙以养正"德育特色课程,分别从衣食住行四方面将各年级行规细则落实到位。以校本专题为牵引,突出德育专题教育,横向一致抓合力;以校园六大节日为平台,突出校园文化熏陶,开展多角度、连续性的德育系列活动,如通过 3 月服饰礼仪文化节、4 月艺术节、5 月体育节、10 月班主任节、11 月科技节、12 月读书节,全面内化学生的德行。

3. 注重过程评价

学校将"服饰礼仪文化节"的特色平台打造和"行规主题教育月"日常行规的求真务实相融合,基于两大主线,从经度和维度两个层面在学校的基础课程、拓展课程、特色课程,以及社团活动、专题活动、主题活动中全面落实行规教育;设置课堂纪律章、文明就餐章、有序路队章、三操规范章、仪表得体章、尊师爱校章、好学上进章、诚实守信章、热爱劳动章、勤俭环保章十大奖章,评选东华"知礼之星"和"明德之星",以评价促成长,激励和强化学生尚礼明德的行规养成。

(二)生涯教育,潜能开发

学校通过小初课程衔接,培养学生科学的终身学习观,让学生学会有效管理自己的学习和生活,帮助学生发展成为有明确人生方向和有生活质量的人,认识和发现自我价值,主动开发自身潜能,理解生涯意义。

1. 目标贯通

学校根据学生的年龄特点制定循序渐进的发展目标。小学生在生涯发展阶段处于启蒙成长期,学校以学生认识自我概念的形成和生涯意识的培养为主要目标。初中生在生涯发展阶段处于从成长期向探索期过渡的时期,此阶段学生自我意识不断增强,学校以学生兴趣、独立的学习力和意志力的培养,以及升学选择方向的正确把握为主要目标。

2. 内容设计

学校依据小学与初中的学生生涯培养目标,设计具有针对性的学习内容。小学阶段通过观察、模仿、游戏体验等形式,指导学生发展并了解自身的兴趣爱好,感受学习乐趣,提高学习兴趣,增强学习自信心。初中阶段侧重于生涯探索,通过综合实践活动、高中校园开放日活动、中等职业学校职业体验日活动等,拓宽学生对社会分工、职业角色的体验与认识。

3. 系统实施

根据目标与内容设计,采取适宜的教学方法,创新教学模式,形成一至九年级系列课程(见表 1),进行系统实施。

表 1　一至九年级系列课程

项　　目	对　　象	备　　注
东华亲子绘	一至三年级学生	读绘本、讲绘本、演绘本、做绘本
老爸开讲	一、二、三、六、七年级学生	优秀老爸登上讲台
故事妈妈	四、五年级学生	名人成长故事
生涯电影	一、六年级学生	亲子电影
经纬论剑	七年级学生	辩论赛
学长领航	八、九年级学生	往届优秀毕业生进行学法指导
生涯主题班会	全体学生	一学期一次
生涯专题辅导	新教师	教师培训
我要幸福	七年级学生	心理课程
大学生活体验周	八、九年级学生	进入大学体验

二、搭建九年递阶式的经纬课程体系

九年一贯制学校的建立,有利于中小学课程教学的衔接,提升效能;有利于中小学课程的整合、教学方法的不断改进;有利于办学特色的形成和学生特长的培养。从 2017 年起,学校就着力于"动感课堂"建设,让教师试着从站在学生身前"示范引领"逐步转为站到学生身后"助推学习",在中小学课堂中有意识地渗透学习力和创造力的培养,启发和帮助学生去发现问题,指导学生自主寻找学习的路径和方法,培育学生解决问题的关键能力和必备品质。

随着教育综合改革的逐步深入,"双减""双新"等教育新举措落地。这几年,学校致力于"两纵一横"经纬课程体系建设(见图 1),"两纵"即基础课程群与融合课程群,"一横"指德育课程群。通过基础课程校本化纵向实施及融合课程特色化纵向开展,交叠成"人"字形,"两翼"齐飞,寓意知识、技能、能力与素养的全面发展和终身发展;以德育课程一体化横向贯通,托起"人"的成长,寓意培根铸魂、立德树人。

图 1 "两纵一横"经纬课程体系建设

(一)融合课程特色化开展

学校尤为重视"两纵一横"课程体系中第二纵"融合课程群"建设,以回应社会对知识融合、融通的需求。长久以来,学校一直在思考如何有效地弱化教师学科思维定式,促进教师在教学中从"身前引领示范"向"身后鼓励助推"的角色转换,为学生创建"沉浸式"学习情境,让学生在跨学科学习中实现"学"与"用"的转化和共生,从而真正实现教与学方式的转变。因此,学校逐步探索出了一条"学科+"("学科+学科""学科+生活""学科+活动")课程形态新路径。一是"学科+学科",转变课堂模式,促进跨学科知识再建构。基于学科知识关联开设"学科+学科"融合课程,促使学生在知识习得的过程中,破除学科边界,进行课程重构,聚焦知识架构的融合,关注学生知识的整合,逐步形成一至九年级层次递进的跨学科融合类课程群。二是"学科+生活",扩大学习场域,增强学生社会关怀意识。基于社会生活需求开设"学科+生活"融合课程,借鉴STEAM 课程样态,以现实生活中的问题为导向,通过小组合作的形式加以探究、实践、反思、迭代,并将自己的研究成果转化成研究报告、创新作品等。三是"学科+活动",统整教育资源,提升学生问题解决能力。基于主体活动经验开设

"学科＋活动"融合课程,将学校各类活动与项目化学习有机整合,让课程与生活紧密挂钩,培养学生面对新环境、新问题、新挑战时分析问题和解决问题的关键能力和必备品质。

（二）基础课程校本化实施

学校依托上海市义务教育课程计划,开设国家规定的各类基础课程,探索以学为中心、以素养为本的课堂新模式,在一至九年级形成人文、数学、理化、科学、技术、体育、艺术、社会实践等八大领域课程板块,每个领域配以专题项目跟进,如数学领域开设"思维训练"探究课程,艺术领域打造乐美空间、造型空间,体育领域构建"一校多品"课程。其中,"一校多品"课程是学校积极落实教育部"体艺2＋1项目"的重要举措,依托小学体育兴趣化、初中体育多样化的课程改革,通过以年级为特色的校本化整体建构,全面提升体育活动课质量,高质量完成体育课程中的国家课程和校本课程,为我校学生提供尽可能多的运动体验,激发学生的体育运动兴趣,关注学生的身心发展。

（三）德育课程一体化贯通

德育课程是各类课程实施的出发点和落脚点,学校在学科渗透、横向协同的同时做好一至九年级学段衔接,形成小学初中德育建设纵向贯通,校内校外、线上线下横向贯通,家庭、学校、社会三位一体的360度立体化育人环境,进一步推进全员、全程、全方位的一体化德育课程,打造养成教育、家庭教育、主题活动教育等系列课程,以立德树人固教育之本。如家庭教育系列课程,从两个维度拟定课程:一至九年级分段课程,利用班会课时间帮助学生巧用沟通艺术解决实际生活中的亲子矛盾;十节主题讲座课程,帮助家长形成科学的育儿思维,优化家庭教育行为习惯。面向一年级新生家长,学校推出由优秀班主任主讲的"乘梦归来,携手远航"课程;面向小升初学生及家长,基于家长需求和学生身心发展规律,学校开展线下"智慧父母沙龙";面向七年级学生,学校开展以人身安全为载体的安全教育及青春期教育;面向压力重重的九年级毕业生及家长,学校利用家长会等时机,开展心理健康教育等特色专题讲座,全面筑牢德育根基。

三、开发九年全方位的特色共建项目

学校传承和发展东华大学办学的"DNA",紧紧围绕形成一系列课程、打造一个"经纬讲坛"、推进一批志愿服务、办好一份《经纬》校报、吸纳一批优秀毕业生、建设一个具有纺织服装特色的创新实验室、合作一批科研项目、开展一系列交流活动等"八个一"项目举措,不断拓宽和延展与东华大学合作办学的内涵和外延,助力学校的内涵建设,助推学校高品质发展。

（一）开拓学习场域,开发布艺系列课程

布艺系列课程是学校和东华大学合作的共建项目之一。在多方支持下,学校美术组于2016年成功申报区级创新实验室——服装设计创意工作坊。结合各年级学生的学习特点和实际动手能力,学校自主开发了一年级"布料巧绘"、二年级"创意布贴画"、三年级"创意小饰品"、四年级"我给娃娃穿新衣"、五年级"旧衣巧利用"、六年级"半身裙设计制作"、七年级"连衣裙设计制作"等相关课程,由浅入深,拾级而上。学校聘请东华大学资深教授于晓坤为我校的服装创意课程提供长期的专业技术指导,并给我校教师定期进行服装专业知识培训。通过定期、定点的专业指导和培训,服装设计创意工作坊的课程有序开展,稳步推进。服装设计创意工作坊融合美术、历史、数学、劳技等学科,以横向民族服饰、纵向朝代服饰为装饰元素,综合德育、智育、美育和劳育等设计理念,延伸课外学习场域至"经纬展厅",将"动态演练"与"静态展示"相结合,让学生在"做中学,学中做",促进学生全面发展,为学校致力打造的经纬系列课程作出贡献。

（二）共研校本课程,凸显办学特色

依据一至九年级学生生理、心理特点,学校和华东大学共同研发了适合不同学段学生的足球、攀岩、旱地冰球、老外带你看世界、科学商店进附校、诗情画意、摄影、小囡学沪语、服饰礼仪、红色文化进附校等12本校本课程配套读本,涵盖德育、体育、布艺、科技等不同领域,凸显学校办学特色,助力学生全面发展。目前,共建特色项目已渐趋成熟,成为深受全校学生喜爱的课程和活动。

（三）统筹高校资源,推进大中小学思政课一体化

学校和东华大学共建的思政活动是多途径、立体式的,九年一体,符合每个年龄段学情,既有线上的"云游红色基地"微课程和"童心向党·师说百年"红领巾广播音频党课,又有线下的"大手牵小手"红色大寻访打卡实践活动;既有"学习百年党史,弘扬抗疫精神"的红色精神宣讲活动,又有走入东华大学的"行走的大思政课"项目化德育实践研学活动。学校紧紧围绕"红色精神"的传承,将科技强国的种子播种在中小学生心中,发挥"大中小思政一体化"的育人价值,引领学子追寻红色记忆,赓续红色血脉,培育强国少年!

四、铺设九年互动式的师资研训平台

九年一贯制教育，教师可以更系统地考察每个年级学生的学习心理、学习方法、学习习惯，完整地设计九年义务教育的目标。在九年一贯制学校里，小学教师了解初中教学的特点后，会考虑学生进入初中后的学习，并从小进行培养；而中学教师了解学生小学阶段所学的知识后，可以修正自己的教学方法，以适应学生学习需要。基于九年一贯制的特点，学校也在积极搭建九年互动式的师资研训平台，鼓励中小学教师互相听课，互相学习，互相交流，取长补短，共同进步。

（一）提供研修平台，实现双向互动

学校每学期都会安排几次大型的跨年级教研活动，让一至九年级教师按学科进行集中研讨，加深大家对不同学段的内容和方法的了解。小升初是学生成长的关键阶段，做好五年级升六年级教育教学工作的衔接和课程融合非常必要。同时，在"跨学科案例分析"进入中考项目的背景下，小学自然和初中科学、地理、生命科学的课程衔接就显得非常必要。一是学校在课程安排时要有意识地让生命科学学科专业的教师任教小学自然；二是小学和初中教师集体开发跨学科主题学习课程，灵活设置小学生、初中生的主题活动及作业；三是定期组织跨界研讨，研究跨学科教学方式，商讨"双师教学"的课堂衔接问题。科学组、自然组目前已固化了每两周"四个一"的研训内容，即：每两周一次集体备课，每两周一次集体磨课、听课、评课，每两周一次集体作业评价，每两周一次集体资源梳理。学校在顶层设计上开发好主题课程及项目，拟定好教学大纲、教学内容，制作好"双师教学"观测评价量表，帮助教师确立双向互动研训方向，转变教师的观念，引导教师树立新型的课程观和人才观。

（二）鼓励教师柔性流动，均衡教育资源

当前中国人口出生率逐年下降，适龄入学儿童数量会在某个高峰期后缓慢减少。对于九年一贯制学校而言，未来小学每个年级的班级数会低于初中每个年级的班级数，初中部师资紧缺的状况即将到来。今年，学校排兵布阵，提前规划师资力量，从小学部教师中选取具备中、高级教师资格证的优质教师，进入初中任教，开启九年一轮循环育人新模式。对于这批"吃螃蟹"的教师而言，把学生从一年级带到九年级，有利于了解学情和学科特点，塑造更加全面的教师专业素养，对学校长效、稳定、可持续健康发展起到良好的作用。

九年一贯制不仅丰富了学校的学制类型,也丰富了探索素质教育的模式和经验。学校九年一贯制教育教学的探索和实践刚刚兴起,未来学校九年一贯制办学的实践与研究任重而道远。

参考文献

[1]余文森.以核心素养为导向:建立与义务教育新课标相适应的新型教学[J].中国教育学刊,2022(5):17-22.

[2]潘国青.九年一贯制办学实践的回顾与思考[J].上海教育科研,2015(10):9-13.

[3]"九年一贯"打通了什么?[J].教育,2010(9):10-12.

"弘毅·人文"理念下九年一贯制学校 高质量发展的实践与探索

上海市奉贤区弘文学校　夏晶晶　王艳

摘要： 基于对更好的教育教学质量的追求,学校直面发展中存在的问题,不断改善教育教学行为。学校秉承"弘毅·人文"校训理念,充分挖掘九年一贯制学校育人优势,立足一体化、连贯性,构建"翔"课程新框架,以"成长"为核心主题,关注学生的社会化和个人成长;进一步推进"导学案"教学实践,在师生的"教学相长"中打造人人参与的活力课堂;实施卓越教师培养战略,精心打造一支智慧型教师队伍,以学生和教师的成长推动学校高质量发展。

关键词： 弘毅·人文　九年一贯制　高质量发展

上海市奉贤区弘文学校自创办以来,秉承"弘毅·人文"校训理念,倡导"宽弘自强,人文和谐"的学校精神,坚持"用弘文的专业成就我们孩子的未来"和"办优质教育,创品牌学校"的办学目标,确立了"主体建构·人文蕴育"办学理念,高起点整体构建弘文学校文化。

创办之初,学校于内庭植杏树四棵,希冀能传承华夏传统之精髓,放眼现代世界之发展,十年树木,百年树人;后又在四棵杏树中间置雕塑一座,以中国古代神话中的神兽鲲鹏形象为蓝本,名为"翔",寓意让弘文的孩子历经九年积淀,像鲲鹏一样由鱼化鸟,怒而飞且抟扶摇而上,最终云游天地间。

一、问题的提出

自建校以来,经过多年发展,学校质量与声誉持续提高,办学成效获得家长、社会的广泛认同。2011年初,上海启动新优质学校推进项目,学校以先进的教育理念和扎实的推进工作,有幸成为首批"上海市新优质学校"之一。

但随着办学时间的推进,师资队伍的年龄结构逐渐偏大,教师由创业者变成守业者,创业激情淡化,部分教师出现了高原现象。同时,随着当前教育教学的一系列改革以及区域内新办学校的兴起,学校面临着越来越多的挑战:新中考改革的适应,新课程新课标的亟须落实,师生和家长对学校进一步发展的期许、对更好的教育教学质量的追求,都迫切要求学校对自身办学使命和行动有新的理解和思考。

新时代新起点,为回答好习近平总书记"为谁培养人、培养什么人、怎样培养人"的时代之问,我们在不断深入学习和思考中找到了"弘毅·人文"校训的初心,我们应该回归教育的本质,即真正关注个体的发展。这意味着我们要思考如何使教育过程更加丰富,师生之间的关系更加和谐,以及如何更充分地满足多样化的学习需求。这种重新思考是对每个人作为独立个体的重要认知和深度审视。

二、解决问题的过程与方法

为了追求学校的高质量发展,我们对学校现状开展调查,从学生、教师、家长等多个层面出发,科学分析学校发展的着力点,认识到每一个学生都有成长的潜在性、自我发展性和多元差异性。基于学校实际,我们以学生"表达能力"为切入口,通过多种形态的学习方式,培养学生清晰且明确表达自己思想、情感、想法和意图的能力,无论是通过语言、文字、图形、表情还是动作。我们不仅关注学生的成长,也关注教师的成长,教师只有在教育的过程中获得发展,才能在自身的内驱生长中更好地推动学生的成长、学校的发展。我们认为,教师与学生都应当成为"更好的人",这样课堂才能焕发生命的活力。在此基础上,学校立足创新实践,充分挖掘九年一贯制学校优势,探索实施学校高质量发展的新路径。

(一)构建"翔"课程新框架,培育"三乐"学子

基于学校的课程计划及中小学学生特点,我们整合各种教育资源,以学生全面而有个性的发展为目的,以校园内的"翔"雕塑为蓝本,建设适合学生的"翔"课程,希冀弘文学子有鲲鹏一样的志向,以强大的学习内驱力驱使自身展开双翼,以内心世界的丰盈和坚毅直面风雨,在无边无际的空间里自由搏击。

我们充分认识到"青少年在成长过程中,学习文化科技知识的同时,还要学习做人,强化心理能力",因此,"翔"课程以"成长"为核心主题,充分发挥九年一贯制学校育人优势,立足一体化、连贯性,关注学生的社会化和个人成长。

1. 特色课程引领下的全学科拓展

学校积极构建弘雅、弘博、弘健、弘艺、弘益五类拓展型课程,促进学生良好个性的养成,促进学生全面发展,从而培养"智慧型学生"。目前,我校的弘艺国画社、弘文馆书法、弘韵健美操、弘毅田径、"三乐"民乐队等成为校本特色课程,在区内外有一定的声誉。

同时,九年的贯通培养让学生有更充裕的时间探索爱好,并将爱好转化为特长。比如,初中部学生陈雨泽在上海市第十七届运动会射箭比赛中获得三项金牌,打破了奉贤区历史上的学生个人获奖纪录,他的体育天赋正是在小学时被教师发现并持续培养至今。

2. 基于课程创新的综合能力培养

学校秉持学做结合的理念,以"引导探究,强调体验,普及与提高并重"为理念,关注学生创新能力和综合素养的培养,改变传统线性课程形态,引入 STEM 课程项目、DIS 物理实验室、"JA 青少年成就"跨学科案例分析课程;探索开发项目化学习模式,创设"装置艺术营""追求智能生活"等创新项目,打破学科内容之间以及学科与学科之间的边界,使学生能够联结真实世界,让学生拥有解决真实情境问题的机会和经历,发展自己的创造性,同时,不断形成自己的价值观和世界观。

小学部成立"小主综"课程的研究团队,以"传统文化""实验探究"等为抓手,重点推进"小鲲鹏游天地"一、二年级主题综合实践活动。课程从学生的真实生活和发展需要出发,从生活情境中寻找问题并将其转化为活动主题。在课程实施中,我们着重让学生亲身参与各种活动,通过实验、探究、设计、创作和反思等过程进行深入的体验、体悟和体认。通过全身心地参与各项活动,学生才能够主动发现、分析和解决问题,真切地感受和体验生活中的各个方面,同时培养实践创新能力。

学校充分发挥学科教师主观能动性,以"学科主题周"模式设计学生活动项目。兴趣是学生最好的老师,每学期各教研组精心研讨,在严格控制作业量的基础上,开展基于学科特点的不同主题活动并进行评比和展示。各个教研组长精心设计活动方案,结合学生的年龄段,以说一说、画一画、唱一唱、试一试、做一做等多种表达方式开展综合活动。丰富多彩的主题活动激发了学生的学习兴趣,进一步提高了学生的综合实践能力,更好地为每一位学生提供了自主学习、自由探索、充分表达的空间,让他们在多姿多彩、快乐有趣的活动中体验学习的乐趣,品尝成功的喜悦,丰富学习经历。

3. 基于九年一贯的初小衔接课程

为了充分发挥九年一贯制学校育人优势,学校根据办学实际,立足一体化、连贯性,开发出具有学校特色的初小衔接课程,实现每一个学生学习方式、心理适应的无缝衔接,激发学生的学习潜能。课程分为"校长讲堂——准初中生,你们准备好了吗?""学科拓展——阅读天地、数学思维、趣味英语""生涯辅导——我的世界我探索""社会实践——国粹贤韵,薪火相传"四大板块。

而在其他年段,学校也在努力打破小学部与初中部间的"围墙",充分发挥"混龄教育"的育人作用。中午用餐时,初中部的哥哥姐姐走进一、二年级的教室,帮弟弟妹妹们分饭、盛汤;课堂上,六年级的同学来到小学部的教室分享学习心得;"中考加油会"上,小学部的孩子为哥哥姐姐加油鼓劲。

"翔"课程的贯通培养使学生具备坚毅的自制力和充满人文情怀的协调力,在这漫漫的时光中,建立起师生、生生之间温暖的联系。我们相信,在弘文九年的人文家园中成长起来的孩子必然心中有爱,眼中有光,行中有善,脚下有远方。

(二)推进"导学案"教学实践,提升教学品质

课堂是教学的主渠道,提高课堂教学效益是促进学校内涵发展最攻坚的点位。学校以学生"表达能力"为切入口,以"导学案"教学实践为抓手,聚焦课堂教学中的"学"与"教",在师生的"教学相长"中打造人人参与的活力课堂。

学校自创办的第二年起,在国家基础型课程的校本化实施中,着手开展以"导学案"为载体的人文课堂教学策略实践研究。时至今日,"导学案"教学实践经历了四个阶段,从最初的三块式教学模式,即"预习导学、课堂研讨、延伸拓展";到重点两个突破,即不同年级、不同学科、不同课型导学案范式编制的突破,"延伸拓展"中的"问题设计"和"习题、校本作业编制"的有效性研究突破;再到聚焦"上课、辅导"两大重点教学环节,即提炼课堂教学微方法之问题设计"脚手架"编制,以及"导学案"校本作业设计。随着新课程标准的最终落地,目前我们将研究的重心聚焦在单元核心任务设计,探索单元目标引领下的导学案课堂教学,同时借助信息技术手段,引进大数据精准教学平台,借助数据,着眼过程,提升课堂质效。

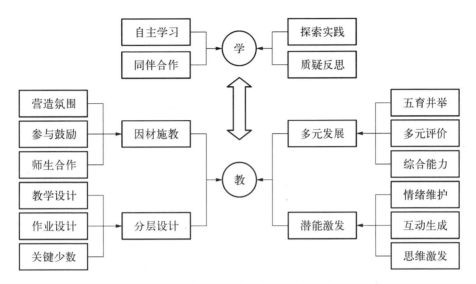

图1 "弘毅·人文"活力课堂实施路径

1. 设计"导学案"校本作业——提升教师命题素养

各年级、各学科在组长协调带动之下，通过研究课程标准、教学内容（教材）、学科基本要求等，融合团队智慧，精心编制课内外作业（学生学习任务），以导促学，引导并指导学生自主、主动学习，从而改变学习方式。同时，每学期教师必须根据教材学情、教学动态等诸多因素的变化，在原稿基础上达到10%及以上的修改量，不断完善课内外作业。我们在文科中新增了"名著导读""美文欣赏"板块；理科中新增了分层作业，如"荣誉作业""提高训练""挑战压轴题"等板块。

在"导学案"教学创新的举措下，教师命题素养得到有效提升，建构了一套融合教师智慧、基于校情学情的相对完整的学生作业训练体系，作业量基本得到控制。在上海市绿色指标测试中，学校的"学生作业指数"均超过上海市绿色指标测试"学生作业指数"平均值。

2. 提炼教学微方法——提升教师"问题设计"能力

通过在课堂教学中搭建脚手架之"问题设计"的行动研究提高教师教学设计能力。课前，教学内容确定，即文本（内容）解读；课中，问题群、问题链设计，即提问、追问的设计；课后，编制习题链设计，即习题或作业的设计。全年级、全学科教师参与研究，编制"问题设计"研究表，并在教师日常教学中形成常态。在精心编制问题群、问题链、习题链等脚手架中，教师形成教学设计的逻辑结构，厘清思维层次,提升教学设计能力。

3. **构建大数据精准教学平台——帮助教师"精准教"、学生"快乐学"**

在育人目标和方式的改革指导下,尝试单元教学设计实践。同时,依托信息技术,结合"导学案"传统题库资源,建成结构化校本资源库,形成学校特色校本资源服务体系。通过整合人工智能、大数据和优质资源,可以对考试、测练、作业等各个场景中生成的数据进行全面采集,精准分析每个班级的学业情况和每个学生的学习情况,从而帮助教师精准施教和学生个性化学习,提高教学效率,提升教学效果。

我们始终在努力探索一条以"导学案"为主要载体的具有弘文特色的"高质量、轻负担、有特色"的教学创新之路,推动弘文"课程、课堂、教师、学生"的高品质发展。

(三)实施卓越教师培养战略,激发专业活力①

学校把卓越教师培养作为重要人才战略,精心打造一支体现弘文"三业"教风的、不断走向专业与学术的智慧型教师队伍,努力实现"用教师的卓越成就孩子的未来"。

1. **"三业"文化为教师卓越铸魂**

学校坚持精神理念倡导,发挥文化引领作用。倡导以和谐的人文氛围引导孕育学生的发展,让课堂焕发生命活力,让班级洋溢成长气息,让校园成为人文家园。通过开展"美在弘文、爱国荣校——建校纪念日"庆典活动、"闪耀年度·感动弘文——年度最令弘文人骄傲和感动的人物和事件"评选活动、每月"最美弘文人"评选、弘文"家"系列活动等校本主题文化活动,激发师生对学校文化的认同感和归属感,引导全体弘文人勤勉智慧、团队合作,用文化的力量支撑学校办学持续保持优质,使学校成为全体师生渐进提升的学习共同体、互助共赢的发展共同体。

2. **自主规划为教师卓越导航**

学校依托"三业堂"教师发展工作室分类实施不同层次的教师专业发展策略,通过集团化培训和区内延伸拓展培训,组织校际同课异构与教学评比,推荐相关学科领域的必读书籍,定期组织读书心得交流活动,挖掘区内外专家资源,

---

① 相关文章《弘文学校:用教师的卓越成就孩子的未来》发表于《上海教育》2023 年第 13 期。

开展专题性、系列化的实践研究,为教师的成长护航。

"三业堂"教师发展工作室以学校、教师、学生"三位一体",通过专家引领、课题带动、研修结合等途径与方法,致力于实现两个方面的提升:一是提高教师的生活质量,二是提升教师的专业水平。在此基础上,我们强调三个关键的意识:加强教师的学习意识、合作意识和责任意识。同时,我们也着重推进四个方面的发展:促进教师的专业发展、个性发展、全面发展和终身发展。最后,我们鼓励培养教师五种重要的精神品质:敬业精神、人文精神、创新精神、协作精神和主动精神,以实现渐进式的培养目标。

3. 校本研修为教师卓越添翼

学校坚持文化传承,在内源需求、借力发展、外部推动的情境下,搭建各类平台,以"专业创新、敬业爱生、乐业育人"教风为要求开展教师校本培训,促进教师卓越发展。

充分发挥教研组的基本职能。以教研组支柱项目为抓手,基于课堂教学实际的困惑、重点和难点,各教研组在每学期初商定设计"系列化、主题式、实务性"的项目主题,通过市、区级专家的指导和点评以及同伴评议互助等形式,形成教学研究的学习共同体,在不断的实践、反思和研讨中真正实现教师之间的同伴互助,促进教学的改善和自身专业的发展,实现教研组整体的进步和成长。

以教研组支柱项目为主线,积极开展主题式教研活动,是教研组快速成长的最佳途径。近年来学校物理教研组以支柱项目为载体,分别围绕"实验改进(小制作)"和"DIS实验创新"等主题,按照"确定主题—理论学习—行动实践—反思修改—再次实践—总结反思"的教研流程开展了一系列主题教研活动。在改善学生学习方式、提高课堂教学效率等方面,推动了教育教学质量提升,也在课题的历练中促进了教师专业发展和团队水平的整体提升。依托奉贤区教研组验收契机,物理教研组汇总五年内课题成果和教科研收获,历时一年,从优秀教研组晋升为示范教研组。教师在项目的引领下开展研究工作,不仅主动高效地完成各项任务,而且能发挥各自特长,体现团队合作的精神。

三、成效与思考

学校在传承校训文化的基础上,坚持传承与创新相结合的办学策略,聚焦学校、教师、学生发展，不断改善教育行为，提升办学品质，落实"五育"并举的教育方针，设计融合学校文化的、满足学生个性张扬需求的课程，提高学生的学习力，唤醒、发现和帮助教师的专业发展。国家基础型课程校本化实施、拓展型课程项目化设计，体现了学生核心素养培养的校本理解，提升了教师课程研究与实施能力。

学校先后获全国学校体育工作示范单位、上海市文明校园（单位）、上海市首批依法治校示范校、上海市行为规范示范校、上海市教师专业发展优秀校、上海市安全文明校园、上海市绿色学校、上海市节水型学校等二十多项市级以上荣誉。在2022年第十七届上海市运动会上，本校学生蒋依伊获两块射击金牌，陈雨泽获三块射箭金牌，破奉贤个人获奖纪录。

我们大处着眼，小处着力，做细做实平时工作。2022年5月31日至8月31日，上海教育电视台、上观新闻、学习强国·上海学习平台、《解放日报》、CCTV1《开学第一课》等市级以上媒体，多次刊发或播放本校的教育改革成果，彰显了弘文人的无畏与担当。市内外的许多兄弟学校纷纷来校取经，共谋学校教育改革发展。

但这并不是我们的终点，学校在未来发展中还将进一步加强教师队伍建设的顶层设计，分类实施不同层次教师专业发展策略，在学校和教师共同搭建的平台中不断提升新形势下全体教师的育德能力、专业素养、信息素养、创新精神和研究能力，培养学科领军人才，为学校的持续发展注入动力。

我们把提升质量作为学校工作的生命线，坚持回归课本、回归课堂、回归初心，深化课堂教学改革，努力培养学生的创新精神和实践能力；引导教师致力于课堂实效、致情于师生关系、致性于智慧教学，追求课堂效益最大化，科学提升教学质量。

我们将在"办优质教育，创品牌学校"办学目标引领下，注重整体规划、分步推进、项目助推、系统改进、品质提升、创新发展，以学校的高质量发展助力"弘文小鲲鹏"丰满羽翼，展翅高飞。

参考文献

［1］潘晨聪.让教师在优质中走向"弘毅"[J].上海教育，2023(13)：29.

［2］施文龙.多元个性发展，成长教育的新时代意义[J].教育家，2020(13)：62－63.

［3］木铎.上海新优质学校：办好每一所家门口的学校［J］.基础教育课程,2012(12)：22.

［4］倪闽景.学习的进化［M］.上海：上海科技教育出版社,2022：6.

［5］周庆宝.整体构建学校序列化"成长教育"体系的实践研究［J］.内蒙古教育,2016(12)：11－12.

新优质项目驱动下学校高质量
发展的成长报告

上海市金汇实验学校　尹纪平

摘要：对标新优质学校高质量发展的要求和区域教育发展的需求，上海市金汇实验学校立足于学生多元化的生源背景，秉持"和美"办学理念，凝练"和美"文化引领下的管理新机制、校园文化新生活、课程建设与学科教学新样态、教师发展新团队的内涵特征，寻找其与"双新"改革要求的内在关联，探索符合学校实际高质量发展的新路径，努力成就"学生快乐、教师幸福、社会满意"的现代新型学校。

关键词：新优质　高质量发展　成长

一、学校成长背景

上海市金汇实验学校是一所典型的九年一贯制学校：从一年级到九年级，36个班，1 300多名学生；一所生源复杂的学校：学生来源多元，既有外籍学生，也有港澳台学生，还有本地世代务农的农家子弟，亦有新上海人的孩子；一所"老"新基础学校：已经有20多年的新基础教育实践，注重孩子的个性化发展；一所拥有诸多荣誉的学校：国家汉语国际推广基地学校、教育部"影子校长"培养基地、全国青少年校园网球特色学校、上海市素质教育实验校、上海市"头脑奥林匹克"特色学校、闵行区艺术教育特色学校、教师专业化发展示范学校……上海市金汇实验学校作为一所多样性的学校，在快速发展的过程中，也遇到一系列瓶颈问题：管理团队尚缺"人性化"管理的智慧；三类课程建设的研究深度不够；未形成较为科学的九年一贯制德育课程体系；教师整体队伍的梯队差异较大，发展不均衡……如何进一步可持续的主动发展，学校急需专业团队的支持和引领。

自2015年以来，学校紧紧抓住创建上海市新优质学校"集群式"发展的契机，以区级规划课题"'新优质'项目驱动下学校发展路径的实践研究"为引领，从制度管理、课程建设、教学改进、教师发展等多个维度探寻"新优质"项目驱动下的学校发展，探索出"主动发展，和美与共"办学理念引领下符合学校实际发展的新路径，努力成就"学生快乐、教师幸福、社会满意"的现代新型学校。2015 年，学校有幸成为第二批上海市新优质项目学校；2016 年，学校成为闵行区新优质学校集群发展项目基地校。

二、学校成长表现与发展路径

学校的办学理念是学校各项工作良性推进的灵魂和旗帜，是学校发展的方向和追求。学校在办学理念的引领下，注重有线条、有支撑、有框架的顶层设计与实施，将思想倾向和价值追求融入师生成长过程，以此唤醒教师对理念的认同感，使办学理念扎根于学校发展中，从而提升教育教学质量和办学品质。

（一）创新"以人为本"的管理新机制

学校管理以"以人为本"为基本出发点，突出"人"的中心地位，注重为师生服务的实践。通过激励"人"，不断消除不利的客观条件，满足高层次的期望和需求，营造合作关怀、积极向上的管理氛围。

1. 全面分析，制定规划，形成共同的办学愿景

2015 年，学校制定《金汇实验学校章程》，在系统梳理办学情况的基础上，进一步明确了"主动发展，和美与共"的办学理念，以"让每一位孩子享受充溢的幸福生活，让学校成为每位师生追求真实生命成长的学园、乐园和家园"为办学愿景，提炼出"乐行善思，卓然而立"的校训，强化了"和而不同，美美与共"校园文化的价值追求，努力创建高品质、特色化的新型九年一贯制学校。

2019 年，学校在研制新一轮五年发展规划的过程中，全面而透彻地分析学校的历史方位、发展现状以及正在形成的办学特色，细化了"会思考、会创造、会合作、勇担当"的育人目标，完善了"和美"校园文化建设目标。学校倡导"关注师生的主动发展，追求真实的生命成长"的管理理念，大力营造师生自觉追求"和美"文化的教育生态。近几年，学校在办学理念和发展目标上的"变"与"不变"，呈现出了清晰的发展脉络，印证了发展规划引领学校发展的过程。

2. 整合优势，创新机制，实现管理效能最大化

学校整合三级行政管理网络和扁平化管理架构的优势，探索九年一贯制学

校"以块为主,条块结合"的"立体式"运行机制,提高管理工作的针对性和实效性。2019年,学校进一步深化校级层面的分布式管理,即建立学生中心、课程中心、教师中心和校务中心,健全更为有效的中小学融通的运行机制,增强管理工作的内生动力和效能。

创新非行政性组织,并将其作为学校行政管理的有益补充。学校依托"学科委员会""学生成长委员会""学术委员会"三大非行政性组织,通过"校本视导""金汇学术周"等载体,建立理解尊重、平等对话的协同机制,发挥非行政性组织在学科建设、学生成长和教师专业发展中的支撑作用。

采用扁平化管理,推行"项目负责人"制度。学校进一步强化"第一责任人"意识,整体推进"区域项目实验、校本特色课程研发、汉语国际化推广"等的重要任务。这一举措旨在缩短管理链条,激活责任主体,强化内部和外部的关联,提高管理效能,形成区位优势和特色亮点。

（二）创建"以生为本"的校园文化新生活

"和美"文化引领下的校园生活,始终坚持"五育并举,立德树人"的宗旨,围绕"三会一勇"的育人目标,促进每位孩子全面而有个性的发展。学校基于学生立场,整合德育活动资源,研究"九年一贯大德育"的育人模式,创新校园文化活动和学生成长活动的新内涵,不断提高德育工作的针对性和实效性,全面提升师生生命成长的品质。

1. 打造多元融合的校园文化活动,丰富学生校园成长经历

基于多元化的生源特点,学校融入"和美"元素,设计由缤纷四季、开心远足、快乐当家、仪式庆典四大板块构成的校园文化系列活动,形成以"世界风"为主题的校园文化综合活动,不断提升学生校园生命成长的品质。学校在校园文化系列活动中,遵循年段与学段特点,注重纵横交融。从横向来说,各板块活动既凸显了育人价值的丰富性和独特性,又呈现出了板块之间的互补性和交融性。从纵向来看,基于不同年段学生的成长需求,既有凸显年段特点的活动烙印,又有同一板块活动年段间的无痕衔接。从2012年12月起,学校每年都会举办校园文化综合活动"世界风",旨在更好地凸显学校在开展国际理解教育时对学生自主探究、理解共融、合作创新能力的培育。如2014年"中新"文化周以"孝"为题,涵盖了"风吹校园""风润课程""风进课堂"等系列活动,感受亚洲文化的共同共融之处;2015年"中韩"文化周开展中韩师生的互访活动,学校与韩国首尔长位

小学建立姐妹学校;2020 年,疫情下的"世界风"活动,学校采用线上和线下相结合的方式,弘扬中国在国际抗疫合作中彰显的大国责任担当,并尝试组织"线上和美营"国际文化交流活动,加深中外学生的理解与友谊。一年一度的"世界风"活动,引领每位学生将中华民族文化深深扎根于心中,萌发对祖国的热爱,以"中国心、世界情"的心胸和眼光去看待国际文化交流,共荣共进,携手成长。

2. 开展学生成长主题教育,培养学生良好的道德品质

丰富的主题教育活动体验,是开展中小学德育教育的有效载体。学校进一步加大"九年一贯大德育"工作的探索和实践,注重育人的整体性与目标的阶段性,采用分层实施、循序渐进、螺旋上升的方式,让中小学生系统、完整地接受"一体化"教育。学校进一步强化社会主义核心价值观教育,结合"三会一勇"的育人目标,开展爱国主义教育、生命教育、行为养成教育、劳动教育、心理健康教育等主题教育活动。在开展主题教育活动中要分学段推进,有层次、分步骤地实施。如在爱国主义教育中,低段——爱五旗,我光荣;中段——知历史,扬精神;高段——立志向,报祖国。如在行为养成教育中,低段——争做乐学友善的小学生;中段——争做好学互助的小伙伴;高段——争做善思自强的小公民。我们利用九年一贯整体优势,持续开展五、六年级德育教育衔接的研究与实践,做好中小学段的无缝对接。通过德育课题、特色教育项目等渠道,及时梳理学生成长教育与校园文化活动之间的相关性,为"会思考、会创造、会合作、勇担当"的育人目标夯实基础。

(三)绘制"个性化教育"下课程建设与学科教学新样态

学校在创建优质化进程中始终明晰"课程建设是核心"这一理念。课程,关注人的发展;课程,是金汇"和美"校园的全部;课程,是培育学生核心素养、成就教师专业发展的重要载体。基于课堂教学改进的行动研究,学校以实施个性化教育为新的突破点和增长点,借助信息技术赋能,探索基于学生差异的教与学的学科质量的提高。教师立足校本研修,加大反思力度,尊重学生差异,开放课堂教学实践,促进每个学生综合素养的提升。

1. 构建"和美"课程,提供丰富的课程选择

学校在"五育并举,立德树人"理念的引领下,开展基于"双新""双减"的实践探索,整合国际理解教育校本化课程实施,不断丰富"和美"课程体系建设。学校以"和课程""美课程""创课程""活课程"四轮驱动,努力实现"多元融汇,和美共

生"的课程目标。

（1）和课程——"和"在文化传承

和，具有深厚的中华民族的文化底蕴和内涵。学校将篆刻、剪纸、蓝晒、书法、泥塑等13门"和"课程引入课堂，让学生领悟"中华民族的博大精深"和"和而不同的传统之美"，促进中华优秀传统文化教育在校园里生根发芽。如成立十年的"墨涵印社"先后编制出《墨涵印社学生篆刻作品集》和校本教材《金石乐——篆刻》；学校开发了适合低年级学生使用的《弟子规》中英版校本教材，旨在传承国学经典，滋养学生心灵，规范学生行为，树立学生对中华优秀传统文化的自信心。同时，学校分年段开设"对外汉语及中国文化"课程，中低年级课程涉及古诗文诵读、象形字欣赏、成语故事表演、民间传统手工艺制作等内容，高年级课程包含古代四大发明、中国古代建筑、中国茶艺文化、中国传统节日、中国民间美食等。中小学生通过"和"课程的学习体验，拓宽了视野，汲取了养分，增强了中华民族的自豪感和自信力。

（2）美课程——"美"在艺术绽放

"美"课程，旨在让学生在艺术教育和课程学习中欣赏美、发现美、创造美，从而增强审美创造能力和艺术表现水平，培养团队合作精神，点亮个性成长之路。目前，学校共开设"美"课程20门，其中，"艺术管乐""炫动彩泥""戏剧"等已成为学校"美育"的精品课程。2003年起，学校着力打造国际理解教育下的艺术管乐特色课程，成立了"金韵"管乐社团，经上海交响乐团等专业团队的指导和培训，现已发展成为包括三年级至九年级共200余人的大型学生艺术社团，被评为"闵行区学生社团"。"金韵"管乐社团积极参与社区公益演出，多次赴法国、瑞士等国进行艺术交流，在上海城市剧院举办交响管乐专场音乐会等等，赢得了良好的社会声誉。实践表明，艺术管乐课程不仅培养和发展了学生的审美能力、艺术修养和团队精神，而且极大地丰富了校园"和美"文化的内涵，成为创建上海市新优质学校的特色品牌。

（3）创课程——"创"在科技创新

"创"课程，旨在培养国际视野下的中小学生科技意识、创新素养、协作精神和实践能力。"头脑OM"是科技教育特色项目，是学校的精品创新课程。中小学分别成立了头脑OM学生社团，四年级和六年级引入头脑OM校本课程。头脑OM队两度赴美参赛，力挫群雄，在世界OM创新大赛中均获得世界第四的好成绩。头脑 OM 社团已连续两届成为上海市科技创新学生社团。学校在着力开发头脑 OM 课程的同时,又开设了"火柴人""3D 打印""STEM""牛顿小实验""小小创客家""无人机操控"等一系列创新课程,拓宽学生的国际视野,激发他们的创造潜能,提升其思维品质和创新素养。近几年,科技教育团队在英特尔上海市青少年科技创新大赛、青少年机械奥运会埠际赛等活动中屡获佳绩,被称为科技"梦之队"。

(4)活课程——"活"在动力开发

为了培养中小学生的强健体魄、意志品质和团队精神,学校开设"活力"课程,注重普及和提高相结合,全面提高学生的身体素质和运动技能。普及课程有一年级围棋、二年级和六年级网球、三年级游泳、四年级啦啦操、五年级武术等。此外,还开设了橄榄球、篮球、足球、乒乓等系列社团课程。"双减"背景下,学校认为好的课后服务一定要走课程化之路,足球、篮球、橄榄球等课程极大地满足了中小学生对运动的喜爱。学校在推进"活力"课程建设时,整合第三方专业的体育俱乐部资源,不断丰富课程内涵;精心组织"体育大课间"和"校园阳光体育节",鼓励学生参加各级各类的体育赛事,拓展课外实践体验活动。

2. 打造"和美"课堂,焕发生命活力

在中小学生核心素养发展目标的引领下,学校围绕"教学五环节",构建融通、开放、发展的课堂教学,让学生在差异化学习资源、学习方式、学习时空中,经历个性化的学习过程,提升自主学习能力,培育学科综合素养。

(1)"和美"课堂,转变学与教的方式

学校鼓励学科教师从教学原理与学生生命成长的角度出发,运用情境感染、网络教学、多元评价、拓展延伸等方式优化课堂教学,初步提炼了"和美"课堂教学模式核心要素:① 坚持学生为主体,在教学过程中尊重学生的人格尊严;② 落实自学为主要,在教师引导下学生自主学习、高效学习;③ 呈现问题为主线,学生带着问题开展学习活动,从被动接受知识向自主探究问题转变;④ 强调合作为主法,学生密切合作,共同解决学习过程中的疑难或困惑,达到共同进步和提高;⑤ 发挥学导为主轴,师生亦教亦学、互学互导、平等交流、共同发展,形成一个有效的"课堂学习共同体"。我们围绕"和美"课堂的核心要素,关注学生在课堂中主体性作用的更好发挥,促进师生教与学的关系更加融洽,大大提高了课堂教学的效果。

（2）智能学伴，助力差异化教学

学校在累积了10年"电子书包"实验项目成功经验的基础上，着力开展智能学伴助力差异化教学有效融合的行动研究。教师借助智能学伴软件的大数据采集及分析功能，进一步分析自身的教学行为、教学方式等对学生学习的影响，及时针对大数据反映的问题改进教学方式，改变教学策略，满足当下学生的学习需要，实现精准教学。备课环节，教师根据教学需要选择"闵智作业""钉钉"的相应功能了解学生预习情况，识别和分析学生差异，从"以教定学"走向"以学定教"。课堂教学环节，教师借助"希沃""智慧纸笔""空中课堂"等信息智能技术，实现智能便捷、灵活机动的适应教学；应用"钉钉""闵智作业"布置自定义作业和节点式作业，通过作业结构和内容对学生进行有针对性的训练。课后辅导环节，教师运用"智慧纸笔"及时获取学生作业分数、作业时长累计、知识点学习频次等信息，精准推送学习资源；运用"晓测评""闵智作业"对学生进行表现性评价，基于数据、基于过程，评价会越来越科学。

（四）打造"文化自觉"的教师发展新团队

作为闵行区教师专业化发展示范学校，在"和美"文化的引领下，学校注重教师队伍建设，整体提升教师专业能力和专业境界；立足"主题式"校本研修，孕育"和美"研修文化。

1. 注重梯队建设，成就金汇"和美"教师

学校在对教师专业境界、专业能力发展的规划中，将全校教师分成三个梯队，探索以"培养、突破、优化"为指导方针，以"大整合、小分散"为特点的分层培训模式，历练学科教师主动发展的"生命自觉"，整体提高教师队伍发展水平。（1）青年培养。学校连续10年是闵行区见习教师规范化培训基地，逐步形成了行之有效的培养机制。我们精心设计的"共"课程和导师为学员量身定做的"个"课程，较大程度满足了青年教师的实际需求。在培训模式上，通过"大整合、小分散、再组合"的形式，呈现"一徒多师"的带教模式，为青年教师的规范培养和快速成长提供了坚实的保障。（2）骨干优化。通过骨干精神引领、专业示范、研究辐射，拉高骨干队伍塔尖，夯实塔基，提高骨干教师引领力和辐射力。每学年，借助骨干教师教学展示、省际交流研讨、学区化教学展示、区级公开教学等实践载体，在辐射、共享、放大中点亮更多教师的智慧。（3）中年突破。学校注重对中年教师专业成长案例的搜集，采用按需培养、任务驱动的原则，搭建中年教师

再发展的实践平台,克服职业倦怠,实现畅快发展。比如有的教师在智慧教育项目的驱动下,专业发展呈现良好的态势;有的教师借助课堂教学改进的契机,积极参与省际交流活动,提高自己的专业水准;有的教师发挥自身优势,参与国际理解教育课程项目的实践与研究,迈向"一专多能"的成长通道。

2. 立足校本研修,建立"和美"研修文化

校本研修是教师专业发展最贴身的培训平台,学校以此为突破口,通过教研组层面的校本研修促进教师专业成长,教研组将从"传声筒"转变为"孵出高端教师场所"的"孵化器",以及承担"研究课题系列化、研修活动日常化、研究行为自主化"三种职能的"转化器"。学校试图完成从学校文化到教研组文化再进入备课组文化的两次转型。转型后的教研组长和备课组长需要担负四种新角色:教师状态的解读者、教师发展的促进者、校本研修的引领者、组室文化的创建者。教研组在学习理论与实际运作的过程中逐步形成了"问题引导—经验调动(个体谋略)—实践切磋(同伴互助)—理论指导(专家引领)—总结提升—创造新经验、形成新问题"的"主题式研修"的基本模式,在"主题式研修"的探索中,又逐步建立了理论学习式、专家讲座式、专题论坛式、案例分析式、双向滋养式和主题综合式等研修形式。教研组凝聚团队力量,加强人际沟通,培养合作意识,创设和谐美好的研修氛围,以此提升校本研修品质。

三、学校成长的工作成效

(一)"和美"文化引领,促进师生发展

学校凝练办学理念,培育"和美"文化,促进"人"的发展、"人"的完善、"人"的幸福。学校注重"和美"文化引领下管理团队的建设,把"和美"文化渗透进日常队伍管理中,真正使学校文化成为师生的共同精神财富,在实现人的发展的基础上实现学校的可持续发展。学校推进"和美"文化引领下教育教学资源的校本开发,构建"和美"课程体系,促进学生成长、教师发展和学校发展。学校积极倡导"和美"文化引领下师生主动成长的共生共赢,重视师生"教"与"学"的成长经历体验,不断优化人才培养模式,提升学生的综合素养。通过基于"以生为本"的教育教学方法与教育评价的改进,促进教师的专业发展。学校探索"和美"文化引领下多元文化的融合,以校园文化体验活动促进多元文化的沟通与交流,以"和美"活动促成多元文化的融合共生,以国际理解交流促成多元文化由"和"向"合"

的转化,实现本土化与国际化在双向奔赴中交融创生。同时,学校构建"和美"文化引领下的教育社区化网络,充分挖掘社会教育资源,为学生社会实践和体验创设舞台,形成稳定有效的家校互动新机制,最终凝聚学校、家庭、社区"和美与共"的教育合力。

(二)特色教育品牌创建,提升办学品质

2011年起,闵行区以"多元、共生、融合"为核心理念加快推进基础教育国际化进程。学校寻找办学发展的新突破,从开展国际理解教育研究切入,带动学校整体转型发展,"让每一个孩子缔造出属于自己的个性辉煌"是学校开展国际理解教育的目标。经过10年的探索实践,学校建构多元丰富、国际化与本土化交相辉映的"CDE"课程体系,"头脑OM"与"艺术管乐"两大精品课程已逐渐成为特色品牌。学生在课程体验中,对多元文化多了一份理解与尊重,对全球问题多了一种责任与担当,树立了国际公民应具备的责任感、使命感。同时,借助学校对外交流活动课程,学生走向世界的机会多了,跨文化交际的技能强了,国际规则的意识浓了,传播中华优秀传统文化的途径广阔了。

(三)集群发展,助力成就"家门口的好学校"

2016年起,闵行区启动首轮"新优质学校"集群发展整体推进工作,学校作为基地学校携手君莲学校、罗阳中学和浦航二中集群发展。金汇集群组共同分析校情,开展个案实证分析,构建问题解决的行动模型,建立"问题提出—经验调动—同伴互助—改进提升"的学校发展机制,形成学校优质发展的基本路径。经过三年的共同努力,君莲学校作为项目领衔学校,发挥特色资源优势,以点带面,整体提升。罗阳中学、浦航二中则对整体办学理念进行深入思考,遵循集群发展的原则,调整和明确自身发展方向与计划,确保办学特色的深化与提升。

四、学校成长后续思考

在推进新优质学校高质量发展的行动中,我们将注入新动能,积极实施市区协同的引领计划;构建新格局,与华东师范大学深度合作,树立新时代家门口好学校的价值标杆;培育新优势,在学校育人方式变革、强化信息技术赋能作用、激发教师内生动力、汇聚社区力量、拓展育人新空间等方面持续研究与实践,为虹桥的孩子在家门口享受更高品质的教育作出新贡献。

参考文献

［1］胡兴宏.走向新优质——"新优质学校推进"项目指导手册［M］.上海：上海教育出版社,2014：182.

［2］仇忠海."人之为人"的教育追求——我的育人思想与办学实践［M］.上海：上海教育出版社,2013：196.

上海九年一贯制学校办学现状调研

上海市教育科学研究院　　刘莉

摘要：上海九年一贯制已经历近 40 年的发展，成为义务教育的重要组成部分。在实践和探索过程中，学校在内部管理、师资发展、课程建设、教学改革、特色培育等方面结合学制优势积累了若干经验。本研究对上海现有九年一贯制学校校长的办学思考，学校的管理方式，师资建设方式，德育、课程、教学实践的特点，以及办学中的问题、困惑与建议等方面进行调查分析，以期了解九年一贯制学校实际办学情况，解决现实困难，进一步推动九年一贯制学校的内涵发展。

关键词：九年一贯制学校　　办学现状　　内涵发展

自 1984 年长宁区建青实验学校率先进行学制改革以来，上海九年一贯制已经历了近 40 年的发展，九年一贯制成为上海基础教育的重要学制形式。教育统计数据显示，上海目前共设立九年一贯制学校 222 所（含民办 41 所）。党的十八届三中全会指出"要试行学区制和九年一贯对口招生"，九年一贯制学校的办学再次受到广泛关注。

九年一贯制学校由于学制优势，其办学有别于独立初中和独立小学的运行，典型特征在于"一贯"，在学校的内部管理、师资发展、课程建设、教学改革、特色培育等方面或多或少地都体现出"一贯"的设计理念和"全程·融合"的推进方式。在近 40 年的发展历程中，上海九年一贯制学校进行了一系列的教育改革探索，但办学现状如何？进行了哪些探索和实践？积累了怎样的成功经验？发展中遇到了哪些问题？能否克服且怎样克服？一连串的问题有待解答。本研究希望通过调研对上述部分问题给出客观的回答和科学的评价。

本次调查共回收有效问卷 118 份（含民办 14 所）。调研分别从九年一贯制学校的基本情况，校长的办学思考，学校的管理方式，师资建设方式，德育、课程、教学实践的特点，办学中的问题、困惑与建议等方面收集信息，运用

SPSS 软件对数据进行统计分析,对开放性问题进行归类整理。调查结果分析如下。

一、初创形态:伴随城镇化,以近郊居多

上海九年一贯制学校的初创形态存在明显的差异,这种差异意味着九年一贯制学校办学存在不同的背景。本研究从学校的创办时间、创办方式、区域分布等角度诠释上海九年一贯制学校初创时的形态。

(一)创办时间

从被调查的九年一贯制学校的创办时间来看,建校的高峰时段在 1995 年后。

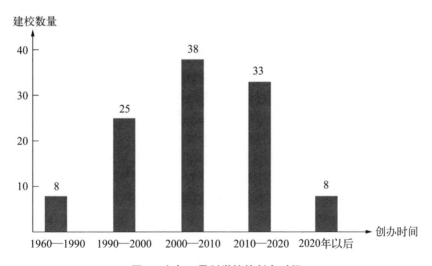

图1 九年一贯制学校的创办时间

(二)创办方式

从被调查的九年一贯制学校的创办方式来看,以两校合并为主,占 40.67%,规划新建的占 30.51%,还各有 14.41% 的九年一贯制学校是多校合并和上延下伸而形成的。部分中心城区的九年一贯制学校随着办学规模的扩大,其教育教学活动的开展受制于面积狭小、设施设备等硬件条件,不利于学校的持续发展。

50% 的民办九年一贯制学校是规划新建的;而公办九年一贯制学校中最多的创办方式是两校合并,占被调研公办九年一贯制学校的 46%。

（三）区域分布

从上海市九年一贯制学校的区域分布来看,中心城区共有九年一贯制学校 51 所,占 23％;近郊的九年一贯制学校最多,共有 104 所,占 46.8％;远郊的九年一贯制学校共有 67 所,占 30.2％。[①] 这与近郊常常成为外来务工人员聚居地密切相关。九年一贯制学校因其能包容不同年龄阶段学生接受义务教育,成为公建配套学校建设及解决外来务工人员随迁子女就学问题的首选。

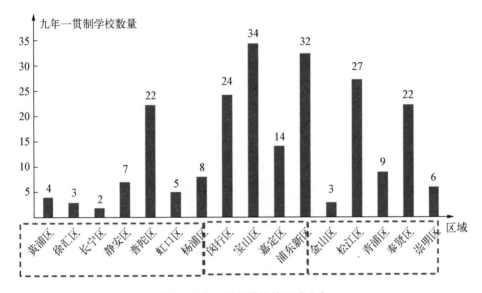

图 2　九年一贯制学校的区域分布

从创办时间、创办方式、区域分布看,九年一贯制学校的初创形态都与上海城镇化发展的进程密切相关。以 1990 年浦东开发开放为标志,上海进入快速城镇化发展阶段。为适应 20 世纪 90 年代社会的快速发展,上海于 1994 年启动《上海市城市总体规划(1999 年—2020 年)》编制,并于 2001 年获国务院批复,确定了市域空间上"多轴、多层、多核"的结构,并将城市定位为社会主义现代化的国际大都市,推动"一龙头四中心"[②]建设。此阶段,上海经济建设首先围绕中心城区进行,然后逐渐向外拓展,最先辐射到近郊。"九五"以来,随着产业结构布

① 中心城区包括黄浦区、徐汇区、长宁区、静安区、普陀区、虹口区、杨浦区;近郊包括闵行区、宝山区、嘉定区、浦东新区;远郊包括金山区、松江区、青浦区、奉贤区、崇明区。

② "一龙头四中心"指以浦东开发建设为龙头,把上海建设成为国际经济、金融、贸易和航运中心之一。

局的升级及房地产的快速发展,大量户籍人口向郊区转移,上海人口空间分布呈现出郊区持续增长的特点。2001 年上海市政府印发了《关于上海市促进城镇发展的试点意见》,明确"十五"期间重点发展"一城九镇"①,明确提出"十五变化看郊区"。2003 年上海市人民政府印发了《关于进一步加强城市规划管理、实施〈上海市城市总体规划(1999 年—2020 年)〉的纲要》,提出上海市域城镇体系由中心城、新城、中心镇和一般镇组成。"十一五"规划明确提出建设"1966"城镇体系②;"十二五"规划沿用该体系,仅把九个新城改为七个新城③,并明确把郊区放在现代化建设更重要的位置。此阶段,上海在城郊结合地区建设一大批大型居住社区,郊区新城建设如火如荼开展。"十四五"规划以来,上海又启动五大新城建设,将五大新城作为独立的综合性节点城市,五大新城教育资源的布局规划再次推动了部分九年一贯制学校的新建。

上海城镇化的发展历程势必会影响学校的设点布局,而九年一贯制学校因其学段跨度大、招生具有弹性等特点,成为这一时期新建学校学制类型的重要选择。同时,这也导致近郊的九年一贯制学校最多。九年一贯制学校的创办背景和初创形态等可以给我们一些启发:九年一贯制学校的发展壮大有其特定的背景,在新时期,如何挖掘九年一贯制的潜能并放大其优势是重要的研究课题。

二、发展基础:校区数不同,规模不一致

本研究通过学校的校区分布、办学规模、内涵发展项目等因素从一定程度上反映上海九年一贯制学校的发展基础。

(一)校区分布:以同一校区为主,便于教育资源整合

校区是学校实施教育教学活动和教师教学研讨交流的物理空间。九年一贯制学校的办学地点应整合到一处,还是分校区运作? 81.4% 的九年一贯制学校管理者非常赞同和比较赞同应整合到一处,便于有效整合教育资源;5.1% 的九年一贯制学校管理者不同意此观点。在这次被调查的九年一贯制学校中,拥有

---

① "一城九镇"即松江新城和安亭、罗店、朱家角、枫泾、浦江、高桥、周浦、奉城、堡镇 9 个镇。

② "1966"城镇体系具体包括 1 个中心城,9 个新城(嘉定、松江、临港、闵行、宝山、青浦、金山、奉贤南桥和崇明城桥),60 个左右新市镇,以及 600 个左右中心村。

③ 闵行和宝山不再被定义为新城,而是作为中心城的绵延地带进行发展。

一个校区的九年一贯制学校为大多数,占71.19%;约1/4的九年一贯制学校拥有两个校区,约4%的九年一贯制学校拥有三个及以上校区。

校区分布的不同给学校日常的管理和办学带来不同的影响。部分拥有一个校区的九年一贯制学校管理者指出,中小学同在一个校区,中小学生的作息时间不同、课时长短不一等给日常管理带来诸多不便。多校区运作的九年一贯制学校的部分管理者也指出,由于物理空间上的分割,初中和小学的教师和学生有相对稳定的活动空间,为真正实现学段间的衔接和融合带来较大的难度。

(二)办学规模:校际差别大影响教师研修,学生流动现象存在

学生是学校办学的根本。本研究从学生数量、班级规模、学生流动等因素来分析和反映学校的办学规模。

1. 学生数量

表1　九年一贯制学校的学生数量

	极　小　值	极　大　值	均　　值
小学生数	36	2 981	823
初中生数	23	2 043	620
学生总数	83	5 024	1 442

从被调查的九年一贯制学校的学生数量来看,各校差异很大。上海市一贯制学校的平均办学规模为1 442人/校。

2. 班级规模

从被调查的九年一贯制学校的班级数量和班级规模来看,小学段班级数量最少有2个,最多达到63个,平均班级规模约23人/班;中学段班级数量最少有1个,最多达到45个,平均班级规模约17人/班。总体而言,被调查的九年一贯制学校的平均班级规模约为38人/班,这与《普通中小学校建设标准》中对班额人数"小学每班应为40人,初中每班应为45人"的规定基本吻合,但仍有部分学校的班级规模超过此标准。

班级数量不仅能反映学校的办学规模,同时也能反映学校开展校本研修的客观条件。从下表可以看出,在上海市九年一贯制学校中,11%的学校班级数量

少于18个班,这对校本研修的开展极为不利,学校教师很难开展同课异构、连环改进等教研活动。

表2　九年一贯制学校的班级数量与班级规模

	极　小　值	极　大　值	均　　值
小学班级数量	2	63	23
小学班级规模	9	51	38
中学班级数量	1	45	17
中学班级规模	16	55	38
平均班级数量	3	107	40
平均班级规模	16	49	38

表3　九年一贯制学校班级数情况

班级数	1—18个班	19—27个班	28—36个班	37—45个班	45个班以上
学校占比	11%	11%	26%	20%	32%

3. 学生流动

目前,没有明文规定学生一旦进入九年一贯制学校就读就必须在该校完成九年的学业,在小升初时,学生可以重新选择初中学校,九年一贯制学校也可以招收外校学生来校读初中,如此,学生流动现象尤其是小学升初中时的流动必然存在。调研显示,94.9%的被调查学校,学生五年级毕业后可以直接升入六年级。近三年,学生在五年级升六年级时,77.12%的被调查学校有学生流出,81.36%的被调查学校有学生流入。在这些学校中,5.82%的学校流入率和流出率持平;53.4%的学校流入的学生多于流出的学生,学校规模有所增大;40.78%的学校流出的学生多于流入的学生,学校规模有所减小。

从九年一贯制学校小学部和中学部的规模对比可以看出,学生的流入、流出现象存在,小初规模不具有一致性。在此现状下,学校如何保持一贯特色、六年级入学的新生如何适应学校环境都是九年一贯制学校办学中值得关注的问题。

（三）内涵发展项目：超过八成九年一贯制学校参与义务教育发展项目

从调查结果来看，85.6％的被调查的九年一贯制学校参加了本市推出的系列义务教育内涵发展项目，90％的公办九年一贯制学校参与了内涵发展项目，而仅一半的民办九年一贯制学校参与其中。

三、内部管理：有分亦有合，重心多下移

九年一贯制学校在系统地培养学生、促进学生素质全面发展上具有重要的教育价值，同时，还能够达到共享资源、提高教育效益的作用。但这些优势的真正实现，依赖于学校内部的有效管理。调查显示：有61％的校长认为"九年一贯制学校是一个复杂的系统，学生身心特点差异大，管理难度更大"。的确，与独立小学和初中相比，九年一贯制学校内部管理的跨度较大，涵盖一年级到九年级，学生差异、教师观念与文化差异、各年级教育教学特点与重心差异等都比较明显。如何合理利用差异、整合资源，不同学校选择了不同的管理方式。

（一）办学设计：立足一贯、整体，有共享的办学愿景和一贯的培养目标

九年一贯制学校的办学愿景和培养目标是一以贯之，还是分而设之？对这一问题的理解和认识，管理者们几乎达成共识。97％的九年一贯制学校校长非常赞同或比较赞同"九年一贯制学校办学目标的设置应该一以贯之"；93.22％的九年一贯制学校校长非常赞同"九年一贯制学校的管理者须立足'一贯'和'整体'，树立从整体目标出发的理念"，余下的6.78％比较赞同。在学校的办学实践中，"有共享的办学愿景和一贯的培养目标"对76.27％的学校而言非常普遍，对18.64％的学校而言比较普遍。

（二）管理架构：一贯到底的整体管理并未真正实行，仍以分部管理为主

调查发现，从管理形态来看，参与调研的学校有66.95％为紧密型联体，采用一套班子、统一管理。但从被调查的九年一贯制学校内部管理的基本架构来看，仍以分部管理为主。50.85％的九年一贯制学校分小学部、初中部，以分部管理为主；41.53％的学校做到一贯到底，按照职能统一管理。除此之外，还有部分学校采用分段管理、分级部管理、条线（职能部门）与块状（四个级段）相结合的管理架构。

（三）学生编班：较多学生有一次重新编班的经历，主要集中在六年级

班级是学生学习和集体生活的重要场所，班级管理是学校内部管理思想和

方式的重要体现。九年一贯制学校中的学生需要一个相对稳定的班级,便于形成较为成熟的班级文化,树立集体意识,这对学生的学习和社会性发展具有重要的意义。但如果班级长期不变,也会有消极作用,尤其对在班级中处于弱势地位的学生发展不利。调查发现,在上海市九年一贯制学校中,学生九年始终在同一个班级,没有进行重新编班的学校占 28.81%;九年间有一次重新编班的学校占 58.47%;九年间有两次重新编班的学校占 10.17%。

在有一次重新编班的学校中,绝大部分学校是在六年级编班,占所有情况的 88.89%。在有两次重新编班的学校中,除了六年级重新编班以外,主要在八年级和九年级重新编班,分别占 41.7%、50%,也有学校在四年级、七年级进行重新编班。

64%的民办九年一贯制学校没有重新编班,学生始终在同一个班级;76%的公办九年一贯制学校至少有一次重新编班的经历。

四、教师管理:情况更复杂,发展待关注

92.37%的被调查者认为九年一贯制学校的教师管理相比其他类型学校更加复杂。

(一)教师培训的组织:有分有合,小初分隔培训的情况有所缓解

九年一贯制学校的办学效益需要教师来实现。一般而言,中学与小学的教学各具特色。有研究就认为,中学教师较注意知识的结构或知识的系统性,而小学教师较注意教学方法、教学艺术;在管理学生上,中学教师管得少、管得松,小学教师管理细、管得严。为了寻求九年一贯制学校整体教育效应,教师培训的组织显得非常重要。同时,从教师培训的组织上也可以看出当前九年一贯制学校的一贯程度。从九年一贯制学校教师的培训安排来看,小学、初中完全分开进行培训的学校越来越少,仅占 6.78%;完全不分学段,统一安排教师培训的学校也较少,约占 16.94%。大部分学校的培训组织方式有分有合,此类学校占76.28%,其中又以"大部分统一培训、少部分分学段培训"居多。可见,九年一贯制学校在教师培训的组织上,小学、初中分隔的情况得以缓解。

(二)流动与互动:学段内循环为主,受职称评聘限制,互动待加强

教师对学生的深入了解、师生的紧密关系和具有针对性的教学等都是九年一贯制教育的优势所在,而这些均与教师内部流动的安排密切相关。可见,教师

的内部流动直接影响着师生关系,影响着教师对教学的理解和整体把握,是影响九年一贯制教育是否优质发展的重要因素之一。调查发现,当前上海市九年一贯制学校教师内部流动主要是以小学和初中各自内部循环流动为主(简称"双循环"),此类学校占约一半;有28.8%的学校以双循环为主,但小学部优秀教师可流向中学部;15.25%的学校实行在1—3、4—5、6—9三段内流动的三循环。可见,当前九年一贯制学校教师内部流动以学段内的循环为主,这与小学、初中的教育教学各有侧重、教师教育教学的方式各有所长有关。但也有部分学校尝试打破学段的阻隔,让部分小学优秀教师担任初中阶段的教学,形成激励机制,持续关注学生九年的成长。分别有32.2%和24.58%的被调查学校里"初中音乐、体育、科学等学科任课教师兼任小学相应课程的教学工作"的现象非常普遍或比较普遍,24.58%的学校尝试过抽调优秀的小学教师充实初中教师队伍。但也有管理者指出,这样的尝试常常受到教师职称评聘、待遇核定标准等因素的限制。

九年一贯制学校教师的职称评聘、待遇核定标准到底应该按何标准需要进一步深入研究。但无论流动方式如何,搭建平台促进不同教师之间的沟通和协调,围绕学生九年的成长共同构建教育体系值得被深入关注。

相比较跨学段的教师流动而言,更多的学校选择加强教师之间的互动。72.03%的九年一贯制学校全校教师经常互动,16.95%的学校五、六年级教师互动较多,但仍有11.02%的学校教师间几乎无互动。在各互动方式中,以参加学校统一组织的培训、双向听课、合作教研、课题研究、文体类活动为主,日常非正式讨论、轮岗次之。

(三)教师工资核定:无针对九年一贯制学校特点的核定办法和成熟经验

教师工资与待遇是影响九年一贯制学校管理绩效的关键因素之一。对由中学、小学合并而成的九年一贯制学校而言,这一问题更为突出。合并之前,中学、小学教师工作量的核定和待遇标准不一样。合并之后,若保持原状,既不符合九年一贯制的要求,也会导致小学部教师有意见;若"削峰填谷",采用统一标准,则会挫伤初中部教师的积极性。调查发现,61.87%的管理者认为九年一贯制学校教师待遇的核定问题是一个棘手的问题。目前,27.12%的九年一贯制学校按照小学、初中两个标准核定教师的工资待遇,按照统一标准核定的占70.34%。

五、教育教学：多数有行动，知行有距离

（一）关于"双新"

被调研的九年一贯制学校在面对"双新"带来的挑战时，认为学校空间和设施设备等条件不够的最多，约占84.75％；其次是认为教师学科专业素养有待持续提升的占72.88％；再者认为教师对"双新"理解把握不到位、命题与教学评价能力待提升的占70.34％；45.76％的学校认为教师学科与跨学科实践能力有待提升。41％以两校或多校合并的方式而建立的九年一贯制学校，及69％以上延下伸的方式而建立的九年一贯制学校，将空间和设施设备等条件不够视为"双新"落地的重要挑战。

（二）关于课程

92.37％的被调研学校赞同"九年一贯制学校课程的整体设计水平比其他类型学校强"。在被调查对象所在的学校里，86.4％的学校"整体建构了学校的课程体系和课程结构"；67.8％的学校"小学、中学分别建构了各自的课程体系"；80.9％的学校"既有共享的校本课程，又有分中学、小学学段的校本课程"。

（三）关于教学

99.15％的被调研学校赞同"九年一贯制学校须重视中小学学科知识、教学方式、学法指导等的衔接"。在被调查对象所在的学校里，66.1％的学校"中小学教师在一起研讨教育衔接问题"；67.79％的学校"中小学教师在一起分享教学方法及其特点，适当渗透运用到各自的教学中"；61％的学校"中小学教师重视分析教材，挖掘五六年级教材中的知识衔接点，在教学中强化"；73.73％的学校"重视学法指导衔接"。

（四）关于德育

83.06％的学校有"小学生、中学生共同参加的社团和综合主题活动"，83.9％的学校有"'大手牵小手'的社会实践活动和志愿服务活动"。

六、主要问题与困惑

九年一贯制学校反映的在办学过程中面临的主要问题和困惑，主要集中在如下方面。

（一）关于硬件条件

部分学校的办学受到办学基础条件的限制，硬件条件难以满足发展的需求，办学条件、设施设备的更新换代跟不上教育教学发展需求和中考改革的要求。部分学校校舍老化、面积不足；部分学校体育运动场地短缺，给早操和大课间活动带来挑战；部分学校班班通、教师电脑等使用时间长，更换速度慢；部分学校因学生人数激增导致教学场所、校舍资源和专用教室等资源不足。

（二）关于生源情况

部分学校的生源受招生政策的影响，如部分学生参与民办初中摇号，导致优秀生源流失，或学生差异变大。部分学校因随迁子女比重较大（有学校随迁子女占比85％）、周边学校增多，四年级或七年级生源数急剧减少，随之带来班级、管理的不稳定，师资、设施的浪费。

（三）关于师资队伍

师资队伍是调研中反映最为突出的方面。部分学校面临超编和结构性缺编的矛盾；部分学校小学与初中师资队伍的年龄、职称结构有待优化，师资队伍发展不均衡，优秀师资紧缺或流失，教师成熟度、专业素养差异性大，教科研的主动性和科研能力弱，骨干教师比例低，在市区有一定知名度和影响力的教师缺乏；部分学校师资储备不足；部分郊区学校存在优秀教师流失、教师队伍老龄化等问题；部分学校因教师老龄化制约了教育信息化、智能校园的实施，给教师梯队建设、以老带新机制、教学特色凝练等带来挑战；部分民办九年一贯制学校面临师资队伍不够稳定等问题；部分小规模九年一贯制学校因部分学科教师少或跨度大，教研有效性难以保障，学段间教师的校内流动轮岗等受职称评审等的限制；部分学校教师面临学科素养待提升、发展动力不足、专技职务晋升难等困难。同时，与评价密切相关的收入分配问题也相当突出。不同学段因课程内容、学科课时数、教师工作量及面对的升学压力不同等，学校在绩效工资差异尺度的拿捏上存在困惑。教师绩效考核的科学性和公平性是九年一贯制学校面临的一大难题，部分学校因学段指标、考核奖励的不同造成教师工作心态的波动，干群关系受影响。

（四）关于教育教学

九年一贯制学校学生年龄跨度大、身心发展水平不一，且小学、初中教学要求和评价标准不同等，给课程体系的整体架构和实施、教育活动的策划和品质提升、教与学方式的转变和日常管理等都带来挑战。目前,学校缺乏体现九年一贯制学校衔接的课程、教学和管理的有效经验和做法,衔接教育需加强。部分乡村地区九年一贯制学校校外教育资源不足,家校共育的合力未形成,不同阶段学生发展需求如何进一步满足也是难题。

（五）关于行政管理

对九年一贯制学校的办学规模、组织机构、人员编制等标准缺乏专门的核定,学校具体工作缺乏上位政策依据。部分学校感受到管理人员配置少,用人机制不够灵活,用人自主性不够,缺少教师退出机制;部分学校为适应教育教学改革发展急需综合性人才,如跨学科教师等,但师资招聘面临编制数、专业对口等限制,难以招聘到需要的教师;部分学校因中层及校级领导频繁调动给学校的稳定发展带来较大的影响。中小学编制核算标准不统一、绩效工资投入不一致,上级部门的管理更多按小学和初中分段管理,如分别召开中小学分管领导会议,分别实行中小学督导评估,学校要参加两次,时间成本高;再如义务教育均衡发展指标没有九年一贯制学校的对应指标,需要学校分割各种硬件设备、教师队伍等,很多活动要分段进行。对九年一贯制学校缺乏专门且具针对性的管理、指导和考核,外部的分段评价与学校的整体管理之间存在差异,绩效、人事管理等存在壁垒,缺少对提升九年一贯制学校管理水平的培训。

七、反思建议：破除体制、机制障碍,让"全程·衔接·融合"成为九年一贯制学校的办学常态

九年一贯制是当前义务教育阶段实施素质教育的重要学制形式,拥有独特的教育价值与优势。但调查显示,九年一贯制学校的发展仍然面临诸多现实问题,要加大对九年一贯制学校的研究和政策支持力度,促进九年一贯制的内涵发展与整体质量提升。

九年一贯制学校不同于单设的小学、初中等其他类型学校的典型表征是"一贯","全程视野,衔接思想"是该类学校办学的最大特征,中小学教育"融合"是其发展的理想境界。对6—14岁学生的培养进行整体设计,最大限度地促进学生的成长和发展是九年一贯制学校办学的宗旨和使命。然而,伴随着九年一贯制学校数量的扩张和规模的扩大,很多一贯制学校由初中和小学合并组建,办学形态上实现了中学、小学教育的"结合",但办学中的"分离"仍占主导,日常管理、教

师管理、招生考试等教育制度和政策无形之中形成了一种对"结合"的斥力。因此，从"独立·分段·结合"走向"全程·衔接·融合"将成为九年一贯制学校的办学追求。

（一）研究完善针对九年一贯制学校的制度和机制，保障学校办学自主权

慎重考虑以中小学合并的方式创办九年一贯制学校，建立通过人口变化趋势预测确定九年一贯制学校开办数量的科学规划机制，缓冲入学人数激增或骤减带来的影响，充分发挥九年一贯制学校在提高资源利用率、解决择校问题等方面的优势。

研究制定与九年一贯制学校相匹配的建制标准和办学标准，对一所标准的九年一贯制学校的规模、建筑面积、教学设施、人员编制、教师岗位的特殊要求等做出明文规定。

加强对九年一贯制学校办学制度和政策的研究，细化师资贯通使用与职称评聘、绩效工资等办法，破除体制、机制的障碍，保障九年一贯制学校办学的自主权。设立九年一贯制学校专项发展基金，推动项目制，对九年一贯制学校内涵发展项目给予经费支持。

加强对九年一贯制学校的评价和激励研究，提升对九年一贯制学校绩效考核指标的针对性和有效性。制定上海市九年一贯制学校督导指导意见，在该指导意见中引导九年一贯制学校"整体、一贯、衔接、融合"的发展方向。

（二）加强对九年一贯制学校的专业引领，助推学校自主发展

将九年一贯制学校内涵发展的行动计划纳入教育发展规划，明确上海市九年一贯制学校的发展愿景、办学目标、办学模式和行动路线，为学校内涵发展提供指导性意见。

加强对九年一贯制学校校长任职前的培训，组织九年一贯制校长沙龙，建立九年一贯制学校发展专家指导团队，开展教师专业发展活动，搭建诸如"双新"背景下九年一贯制学校课程整体设计方案评选、小初衔接教学研究与实践及教师融合发展等案例征集活动的交流分享平台，促进专业队伍的成长。

完善以上海市九年一贯制学校教育管理专业委员会为载体的交流平台，加强跨区域的经验分享，使业务交流常态化。加强与兄弟省市的交流和联系，适时召开长三角或全国九年一贯制学校建设学术研讨会，分享各地的先进经验。

（三）凸显九年一贯制学校"优质与实验"的价值取向,提升学校办学内涵

对九年一贯制学校进行专项调研、案例研究和行动研究,推动九年一贯制学校的内涵发展。在天然的试验中,深入探究课程整合、教学衔接、师生一体化管理和培养等问题,发挥课程一贯设计的整体育人功能,为学生发展创造最佳的环境。利用学生九年生活在同一教育环境中的便利,持续、长周期地观察和培养儿童—青少年的行为养成、道德品质、思维品质、学习习惯、审美情趣等。

从历史上看,一种学制的发展成熟,是需要经过长时期的调整和完善的。如何办好九年一贯制学校是一个实践性较强的问题,仅靠理论论证和理性思辨达不到预期目标,诸多实践问题有待进一步地实验和探索。

参考文献

［1］陈仕中.上海郊区城镇化建设与发展[J].上海城市管理职业技术学院学报,
　　2003(1)：27－28.
［2］左学金.对上海城镇化布局的两条建议[N].解放日报,2013－10－17(11).

第二章 课程篇：素养导向 学科融合

核心素养目标导向下"生命·成长"综合实践活动课程的构建

上海市江宁学校　吴庆琳　程宏

摘要：综合实践活动课程是实践育人的重要渠道,在核心素养培育中具有独特价值。在核心素养目标导向下,学校构建的"生命·成长"综合实践活动课程以促进学生的生命成长为核心理念,以培养有责任、会学习、能创新、善合作的学生为目标,整体架构综合实践活动课程的内容结构,形成了开发课程内容的四条途径：学校传统活动的课程化设计；城市特色资源的课程化开发；由学生感兴趣的问题生成主题；跨学科活动的优化和拓展。在课程实施中采用促进跨学科整合,让学习真实发生；重视情境创设,增强学习体验；拓展学习时空,实现课内外融合；重视"自我对照",促进素养提升等策略,有效提升课程实施效果。

关键词：生命·成长　综合实践活动课程　跨学科　核心素养目标

课程是学校实现培养目标、促进学生成长的主要载体和基本途径。新一轮义务教育课程修订凸显了"课程育人"主题,其制度安排和实践策略充分体现了育人为本和素养导向。综合实践活动课程是实践育人的重要渠道。2001 年教育部印发《基础教育课程改革纲要(试行)》,规定从小学至高中须设置综合实践活动并作为必修课程；2017 年颁布的《中小学综合实践活动课程指导纲要》和《义务教育课程方案和课程标准(2022 年版)》都对综合实践活动课程提出若干重要规定。政策的演变一以贯之地渗透着综合性、实践性的课程理念,凸显出综合实践活动课程在核心素养培育中的独特价值。

在核心素养目标导向下,学校积极探索综合实践活动课程建设,从明确课程理念与目标、丰富课程内容开发、优化课程组织实施等方面逐步构建了聚焦跨学科特性的"生命·成长"综合实践活动课程,有力促进课程实施成效的提升,充分发挥其实践育人的重要功能。

一、"生命·成长"综合实践活动课程的理念与目标

在长期的实践探索中,我们对校本综合实践活动课程的诸多要素进行了重新建构与优化设计,形成了具有本校特色的"生命·成长"综合实践活动课程。

（一）一个核心理念

上海市江宁学校在追求优质教育的实践中形成了"不一定第一,但绝对唯一"的办学理念。每一个学生都是唯一的,学生发展客观上存在差异性、不平衡性、独特性和多元性,我们不能用一个标准去衡量学生的发展。比起一个相对而言的"第一",学校更要珍视的是每一个学生的生命价值。"不一定第一,但绝对唯一"的办学理念把目光转向以人性的发展为核心的教育活动,努力克服当今教育严重"物化"的现象,使知识教育、能力发展、品德培养、人格塑造真正具有生命的内涵,富有生命的意义,真正有助于成就学生作为人的独特生命价值。

学校的综合实践活动课程以"不一定第一,但绝对唯一"办学理念为引领,确立了以"生命·成长"为核心的综合实践活动课程理念,即立足学生的生活世界,回归"生命"本身,引导学生在对有关自我、自然、社会等实际问题的探究与实践中,最大限度地激发和调动自身的成长潜能,使学生具备自我发展的动力和能力,最终在情感、人格等方面获得发展,以便在这个日益复杂、动荡多变的世界里自信前行。

（二）四维素养目标

综合兼顾核心素养目标、《中小学综合实践活动课程指导纲要》中提出的课程目标、本校的课程育人目标,通过分析这三类目标对学生素质发展应达到标准的描述,寻找共同关注的要点,并进行目标选择。我们将"生命·成长"综合实践活动课程的课程目标设定为培养有责任、会学习、能创新、善合作的学生,并将该四维素养目标进行界定。

有责任:学会正确处理自我与社会、国家的关系,养成现代公民所必须遵守和履行的道德准则和行为规范,树立从小勇于承担责任的意识,愿意为履行义务和完成使命而努力。

会学习:能够掌握科学的学习方法,具有终身学习的意识和自主获取知识

以及认识问题、发现问题、解决问题的能力,逐步形成勤于实践、敢于探究、不怕失败的学习品质。

能创新:善于观察生活、发现问题,具有很强的好奇心和旺盛的求知欲,具有创新意识和创新思维方式,能从多角度看待和分析问题,以新颖独创的方法解决问题,改进或创造新的事物,富有创新精神和创意实现能力等。

善合作:具有合作意识和团队精神,愿意积极主动地承担个人责任,掌握合作的方法与技能,能够主动与他人或团队有效配合、平等协商、协同行动,实现共同目标。

作为九年一贯制学校,一至九年级学生的学习水平与能力存在较大差异,学校从小学低段(1—2年级)、小学中高段(3—5年级)、初中段(6—9年级)进行课程目标的层次划分,在不同学段有不同的目标水平要求。同时,为了进一步提高目标的可操作性,在实践中我们对课程目标进一步细化,形成"课程总目标—学段目标—学年目标—学期目标—主题活动目标—课时目标"的层层分解,有效避免课程目标的虚化或重复,使得不同年段、不同主题对学生培育目标的设计呈现螺旋上升的结构。

二、"生命·成长"综合实践活动课程的内容设计

与学科课程相比,学校实施综合实践活动课程遇到的首要难题就是课程内容的来源。《中小学综合实践活动课程指导纲要》提出,学校和教师要基于学生发展的实际需求,设计活动主题和具体内容,并选择相应的活动方式。学校成为综合实践活动课程内容开发的主体,这对基层学校来说无疑是一项挑战。

(一)"生命·成长"综合实践活动课程的内容结构

学校以"生命·成长"作为综合实践活动课程的主线,结合课程育人目标,从"我与自己""我与自然""我与社会"三个维度设定不同学段的主题模块,在每一个主题模块下再设计若干主题,结合学生差异性、个性化的需求,设计并形成学生的学习活动。每一个主题模块都涵盖了考察探究、社会服务、设计制作、职业体验四种活动方式。学生通过不同主题模块的学习体验,建构、丰富个体知识体系,将所学知识与生活情境、现实世界中的问题和任务相联系,学会综合运用学科知识解决真实的生活问题,并在此过程中发展核心素养与关键能力。"生命·成长"综合实践活动课程结构如图1所示。

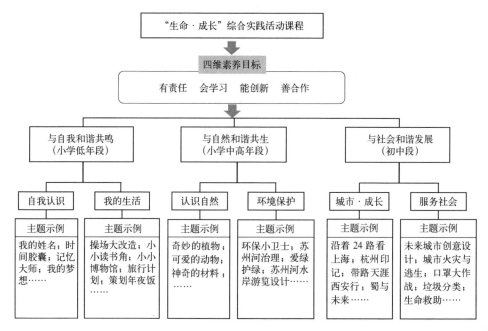

图 1 "生命·成长"综合实践活动课程结构

（二）"生命·成长"综合实践活动课程的内容开发

在实践中，学校对综合实践活动课程内容进行总体开发设计时主要从以下几个方面思考：第一，总体设计要考虑学生的素养培育，对接课程目标；第二，从学校实际出发，考虑学校已有的优势项目、物资设施、教师能力特长、社区资源等，确保能够用切实的行动来落实这些设计；第三，要有机整合学校的各类活动课程；第四，总体规划设计与动态生成相结合。基于以上思考，我们通过四种途径进行校本综合实践活动课程内容的开发与设计。

1. 学校传统活动的课程化设计

综合实践活动课程并非无本之木，它是对学校以往各项活动经验的继承与发展。学校的传统活动如班团队活动、专题教育活动、社会实践活动、艺术节活动、科技节活动等根植于学校，在长期的运作中，无论从活动内容还是组织形式上都为综合实践活动课程的实施积累了经验。但同时，某些传统活动可能存在碎片化、形式化和浅表化倾向，育人效果不及预期。为此，我们可以运用综合实践活动课程的理念对学校传统活动进行改造，通过聚焦主题、重构内容，提升活动深度，重视学生的主动参与，引导学生观察生活、手脑并用、持续探究,对活动进行评价反思和完善等,将学校的传统活动整合成为综合实践活动课程内容。例如,"爱心义卖"是学校每年都会开展的传统迎新活动,学生捐赠物品并在校内开展爱心义卖,现在学校将所筹得的款项捐赠给启星学校,关爱特殊儿童,通过改造,这一传统迎新活动升级为"青宁"公益志愿活动。

2. 城市特色资源的课程化开发

综合实践活动课程要面向学生完整的生活世界,引导学生把自己成长的环境作为学习场所。学生生活在城市中,学生与城市的深度互动是促进学生更好成长的动力。在综合实践活动课程开发中,我们以不同城市的特色资源为依托,以教育性、实践性、开放性、综合性为原则设计活动主题或模块,再分别确立各主题或模块的活动内容,课程的主题设计与生成基本采用以下方法。

首先,分析城市特点与发展状况。从城市的发展历史、文化设施、地理环境、人口素质特征、教育场馆等方面系统分析,初步确定可以开发利用的课程资源,确保资源的可获得性。其次,考虑学生的需求以及主题对学生的价值。教师采用问卷、访谈、头脑风暴等方式了解学生的兴趣,为学生提供丰富多彩的、有益于其个性发展的选择性内容。然后,师生共同协商,并综合考虑各因素确定主题。教师开发小组要从整体考虑主题的价值和可行性、主题学习中知识的迁移与运用程度、学校课内学习与课外实践活动的结合点等,最终确定活动主题。最后,调整与完善主题。综合实践活动具有显著的生成性特征,要求教师在课程实施过程中根据学生的发展表现和需求,灵活地对主题设计进行调整、优化和完善。

几年来,学校以城市特色资源为依托开发和实施的"城市·成长"综合实践活动课程主题如表1所示。

表1 "城市·成长"综合实践活动课程主题

城市	课程主题	学习单元名称	城市特色资源
上海	IBUS 课程(沿着 24 路看上海)	诗心相印——西摩路的春天	徐志摩故居(上海市南昌路 136 弄 11 号)、静安区历史档案馆、纪录片《陕西北路》

续　表

城市	课程主题	学习单元名称	城市特色资源
上海	IBUS 课程（沿着 24 路看上海）	用时光缝制的优雅——走近中国服饰	龙凤旗袍店（上海市陕西北路 207 号）、现代服饰工厂、《留住手艺——中国风韵 龙凤旗袍》
		梦幻城堡，马勒风光	马勒别墅（上海市陕西南路 30 号）、纪录片《陕西北路》、纪录片《洋房秘味之衡山马勒别墅》
		海派小饕，世界表达	上海陕西北路"中华老字号上海第一街"
成都	蜀与未来	青山筑古堰，绿水都江宁	都江堰水利工程
		守护黑白世界，采撷成都一片	卧龙大熊猫繁育研究基地
		翻看三国历史，汲取未来智慧	武侯祠、川菜博物馆
		地球不流浪，宇宙少年闯	成都火星农场
杭州	杭州印记	杯中绿叶，国际语言	茶园、中国茶叶博物馆、茶学堂
		指尖买卖，云端奇迹	阿里巴巴蚂蚁 Z 空间
		书中英雄，心中誓言	岳王庙、岳坟
西安	从长安到西安，从丝路到带路	相遇世界第八奇迹，体验陶俑制作乐趣	秦始皇陵兵马俑、兵马俑制作工厂
		穿越千年佛光，感受丝路脉搏	陕西省宝鸡市扶风县法门寺
		梦长安，忆千年	西安古城墙、碑林博物馆、汉湖景区习汉礼、华阴老腔

3. 由学生感兴趣的问题生成主题

综合实践活动课程强调学生的主体参与，尊重和倾听学生的声音，鼓励他们提出真实世界中的问题，让学生成为活动主题的设计者、实施者和组织者，这对课程目标的达成至关重要。因此，我们重视为学生创设安全的提问环境，引导学生基于自己身边日常的真实问题生成项目，开展深度探究，形成学习成果。

例如,在"奇思创客"课程中"智能改善生活"主题是这样产生的。教师首先提出驱动性问题:"生活中,我们会观察到很多不便的地方,如何运用所学知识去改进这些问题,怎样的设计才是好用的设计的呢?"在这一问题的引导下,学生通过一段时间的观察,提出了各种各样的问题,然后教师引导学生进一步思考:"我提出的问题是什么? 关于这个问题我的假设是什么?"通过班级的头脑风暴、问卷调查、发展现状分析等遴选值得探索的问题,最后形成子研究项目。学生在教师指导下进行探究性实践,解决项目问题。

学生对自己提出的原始问题具有很浓的兴趣,这是驱动学生开展探究的动力源泉,但是,在现实中,并不是学生提出的所有问题都能直接成为主题。教师需要引导学生理清问题间的关系,发现问题的实质,将提出的问题进行整理、筛选、归纳,最后转化为活动主题。

4. 跨学科活动的优化与拓展

真实世界的问题是复杂的,需要相关学科的支持与配合,从不同的角度去探究解决问题的对策。多年来,学校坚持开展跨学科统整活动,在综合实践活动课程理念的引领下,将这些跨学科活动进行优化设计,拓展成为跨学科项目学习,让学生围绕复杂的、来自真实情境的、具有一定挑战性的项目主题,在精心设计任务与活动的基础上,进行较长时间的开放性探究,最终建构知识的意义,提高自身能力。

例如,"沿着 24 路看上海"就是学校将跨学科社会实践拓展为综合实践活动课程内容的典型案例。我们根据实践活动主题所涉及的学科组建教师团队,挖掘各科教材中与 24 路沿线各类资源相关的知识点,将各门学科中与主题相联系的内容抽取出来,设计《沿着 24 路看上海学科主题统整探究活动一览表》。通过多学科的统整,拓宽学生的学习平台,构建起丰富多彩的、满足学生需求和兴趣的、有益于其个性发展的、可自由选择的内容,让学生在亲身实践中获得最好的理解和整体学习。

三、"生命·成长"综合实践活动课程的实施策略

在"生命·成长"综合实践活动课程的组织实施中,学校重点探索课程的组织形式、实施载体、教与学的方式等,不断提升课程实施的成效。

（一）促进跨学科整合，让学习真实发生

综合实践活动课程通过拓展、整合教育资源，实现基础型课程、拓展型课程和研究型课程三类课程的对接，以主题探究与多学科综合为线索，将各个学科中的相关内容融入实践活动中，开展实现多学科统整的项目学习。这种打破学科壁垒，弱化学科边界，将与生活有关的问题或事物作为实践活动的中心，将不同学科的知识和技能与学生生活融合成一个项目进行学习的方式，使学习得以真实地发生。

例如，在"成都市——蜀与未来"主题模块中，教师在"青山筑古堰，绿水都江宁"学习单元设计时，以培养学生的国家认同、人文积淀、问题解决为目标，围绕都江堰，将基础型课程（语文、历史、地理、科学）与研究型课程、拓展型课程相结合，开展主题式项目学习，促进学生在实践活动中实现知识的整合和建构、拓展和加深，以及综合素养的提升。

（二）重视情境创设，增强学习体验

实践体验是任何学业成绩都无法替代的。情境不仅是核心素养发展的途径，也是核心素养实现的现实基础，只有当学生将抽象的知识符号运用于真实的生活情景中，知识才具有价值和意义。在综合实践活动课程教学中，教师力图将学习活动置身于真实的生活情景中，使生动鲜活的社会生活、生产实践、文化场所、自然环境都成为"课堂"，将传统的课堂变大、变活、变新，构建开放、动态、多元的学习场域，丰富学生的实践经历和成长体验。

例如，在"杭州印记——杯中绿叶，国际语言"活动中，学生围绕"茶"这个主题，走进茶园采茶、制茶，体验茶道，参观中国茶叶博物馆，运用思维导图发现、提出自己感兴趣的问题，形成探究主题；通过小组合作了解茶文化的有关知识，感受茶文化的意境，激发自身对茶文化的兴趣。学生在体会茶文化的国际化进程中，体会中华传统文化的国际影响。

（三）拓展学习时空，实现课内外融合

综合实践活动课程并非完全独立于学科课程和学生现实课堂，因此，在综合实践活动课程实施过程中，教师应当考虑与学科教材内容、与学生现实课堂生活的融合。具体实施过程中，我们通过链接学科内容、课内外一体化设计与实施，拓展学习时空，促进知识与经验、学习与实践的有机转化。首先，课内先学，教师和学生一起制定活动计划，了解涉及的相关学科知识，利用课堂教学为下一步的实践活动提供知识基础和技能准备。其次,走出校园,学生在真实的生活情境中通过自主探究和合作探究去发现、研究、解决问题,构建自己的知识体系和学习经验。最后,综合运用,学生在实践后再次回归课堂,交流进一步需要研究的问题或改进的措施,增强学习动力。

例如,在"诗心相印——西摩路的春天"教学中,教师将六年级语文学科的诗歌和古诗文内容相结合,开展了在陕西北路寻访泰戈尔和徐志摩足迹、读诗、写诗活动,把学生带入特殊的情景场中,将课内学习延伸至课外,拓宽了学习时空。

(四)重视"自我对照",促进素养提升

综合实践活动课程的评价强调"自我对照",秉承评价的激励性与引导性。学习评价实施过程中,着重关注学生的学习过程,关注学生素养在已有水平上的发展,而非简单地将学生评为优秀、良好、合格、不合格等不同的层次等第。教师通过观察、访谈、数据采集、信息收集、档案记录等方式,对学生在真实情境下的行为过程与具体表现开展分析,尽可能用描述事实的客观判断评估学生的综合素质发展状况。

同时,评价过程中尽量实现评价主体的多元化,将学生自评、小组互评和教师综合评价有机结合起来,从不同角度全面反映学生的发展情况。学校还为学生提供了多样化的展示空间,如学校的微信公众号、校园橱窗、墙报、广播站等平台,让学生交流共享自己的体验、发现与收获。

课程品质的提升是一项长久的行动。当前,综合实践活动课程被赋予更多更广的教育目标与教育价值。综合实践活动课程的实施让我们更深刻地领会到:教育要体现主体性,要通过创设真实情境,让学生从被动的听转为亲身实践,在真切的生活场景和学习活动中激发自我体验和感悟;要引导学生寻求学习的内在动力和精神支柱,促使学生切实感受学习的意义,主动探索科学与人文之精髓,并在过程中体会到生命成长的意义和价值。

参考文献

[1] 刘志军.生命教育理念观照下的课程实践[J].教育研究,2004(5):38-41.

[2] 李臣之,纪海吉.综合实践活动课程内容的规定性及校本建构策略[J].课程·

教材・教法,2019,39(4)：104－109.

［3］刘铁芳.知识学习与生命成长：知识如何走向美德[J].高等教育研究,2016,37(10)：10－18.

［4］钟启泉,安桂清.综合实践活动课程：实质、潜力与问题[J].北京大学教育评论,2003(3)：66－69.

大科学 全贯通 重实践 提素养

——九年一贯制学校科学类课程实验衔接教学的研究与实践

上海市黄浦区教育学院附属中山学校 马园根

摘要：本文在调研分析九年一贯制学校科学类课程衔接问题的基础上，以实验为衔接点，从课程校本化实施和建设的角度，开展了中小学科学类课程的衔接研究。站在大科学视角，打破学段、学科壁垒，实现全贯通，强化科学实践，建立学生科学素养培养的循序发展序列，发挥义务教育阶段科学类课程整体实施优势，发挥九年一贯制学校课程实施的整体优势。

关键词：九年一贯制　科学类课程　实验衔接教学

2023 年 5 月，教育部等十八部门联合印发《关于加强新时代中小学科学教育工作的意见》，动员全社会力量落实教育、科技、人才一体化战略的部署要求。在新时代背景下，面对创新型人才培养的时代需求，倡导大科学教育观显得尤为重要。大科学教育观是一种综合的、兼顾科学与人文的教育理念，强调提升学生以科学素养为核心的综合能力，强调跨学科共育的教学方式，强调学生的学习过程由关注个体内部的知识建构延伸至关注真实情境的集体实践，旨在培养既具有宏观视野，又精通学术，并能随时适应跨学科需要而调整专业的独立创新人才。

学校作为第一课堂，在中小学科学教育体系中占据核心地位，对学生的科学兴趣发展、科学观念形成、科学精神培育等起着奠基作用。在义务教育阶段的各学科课程中，科学类课程即自然、科学、生命科学、物理、化学课程，是整体性、延续性较强的学科，且各课程的学科属性与特点具有共通性。课程内容对应的能力层级具有递进性，是新课程视域下对学校课程结构化的重要切入点。近年来，我校充分发挥九年一贯制学校的办学优势及特点，不断加强科学类课程建设，以科学前瞻的视角,整合实验教学课程资源,突出衔接,体现连续性和进阶性,为学生提供更宽、更广学习空间的科学类课程。基于此,笔者以九年一贯制学校为例,以共通的核心素养为抓手,加强衔接教学研究与实践,探讨打破壁垒进行科学类课程衔接的实施路径。

一、研究背景

（一）中小学科学类课程实施的现实之困

1. 学生调研引发的思考

我校是一所九年一贯制学校,为准确了解学生科学素养现状,我们抽样选取了学校 3—9 年级共计 631 位学生开展了问卷调查,分小学 3—5 年级和初中 6—9 年级两个学段。问卷主要针对科学方法、科学能力、科学态度三个方面进行调查,得到如下结果:不同学段学生对基本科学知识的认知水平参差不齐,对不同领域的科学知识的认知程度不均;高年级学生与低年级学生相比,学生的科学素养并没有随着年龄的增长得到提高;学生对身边的自然现象有一定的好奇,但缺乏实践意识和探索精神;学生对师长及他人有一定的依赖性,缺乏自己的判断力和一定的行动力以及解决问题的智慧,合作的意识和态度也较为欠缺。

随着学生年龄的增长,随着学习的逐渐深入,学生的科学素养理应呈现循序发展的状态,然而学生调查所显示的现状却恰恰不是如此,这说明"分合一体"的义务教育阶段科学类课程在实施过程中存在一些问题。此外,从调研中我们也明显感受到,学生在学习过程中缺乏科学实践和探索的意识,这也反映了科学类课程中的实验教学薄弱,阻碍了学生科学素养的进一步发展。

因此,必须要在课程实施中激活并优化实验教学,探索新策略、新方法、新模式,并加强学生在实验与实践中的主体地位。

2. 教师访谈所揭示的问题

为了进一步了解科学类课程的实施情况,我们对科学类课程(自然、科学、生命科学、物理、化学)的任课教师进行了访谈调研。教师向我们诉说了他们的困惑。

困惑一,学段及学科的分隔让各学科教师对其他学科的要求"不清楚"。

物理老师说,希望小学阶段就要加强科学方法的培养……

自然老师说,如果我对初中的物理、化学等学科的要求有所了解,我想我能够上得更好……

化学老师说,看他们在小学上自然课时对科学很感兴趣,怎么到了初中好像就没有这种热情了……

困惑二,学科背景单一使得教师在讲其他学科的知识时有点"不确定"。

科学老师说,我是学生物的,而科学学科中涵盖了物理、化学、生物三个学科的知识,所以在教学中遇到物理和化学中比较专业的问题会太确定,甚至可能会犯一些专业性错误,而这种误区一旦形成,会对学生将来学习物理、化学学科造成一定的影响……

困惑三,学科概念表述不一使得教师感觉有点"接不上"。

化学老师说,科学学科在对锌粒和盐酸产生的气体进行验纯时,没有将产生的氢气先进行收集再验纯,而是直接在试管口进行验纯,极可能导致气体爆炸……

物理老师说,科学学科将重力理解为地球对物体的吸引力,而物理中所说的重力只是地球对物体吸引力的一个分力……这些表述差异让学生感到有点糊涂,也让老师觉得有点"接不上"……

以上访谈显示出"合分一体"的中小学科学课程的衔接并不"无缝",整体课程优势并没有得到显现,反而由于年段的不同、学科的不同使得在课程实施的过程中存在许多衔接的问题。虽然在顶层设计层面,义务教育阶段的科学类课程对各学段做到了全覆盖,并且在课程标准内容的确立上体现了高向低整合、螺旋上升的关系,但在实际教学过程中跨学段、跨学科的教学仍存在鸿沟。

因此,我们必须要积极探索各学段、各课程的衔接教学策略,帮助教师互相了解,加强沟通合作,站在大科学视角,打破壁垒,弥合鸿沟,为学生科学素养的渐进发展提供有力支持。

(二)中小学科学类课程实施的时代之需

1. 驱动科教引擎,铸造高品质科学类课程体系

在新课程改革视域下,科学类课程不仅要关注知识的传授,更要注重学生科学素养和探究精神的培养。未来科学教育的新趋势和机遇将更强调学生真实的学习体验,培养学生问题解决能力、思考能力、表达能力及核心素养,推动科学类课程体系重构,驱动青少年未来的无限可能。

2. 打通学段壁垒,探索一体化人才培养路径

指向核心素养的新时代科学类课程要愈加重视科学教育的持续性,通过设计连贯的学习活动,让学生在实践中体验知识的连贯性和整体性。根植大科学教学理念,打通学段衔接全链条,做好小初贯通式科学教育体系的构建,为创新人才奠基是时代之需。

3. 重视实验教学,培养学生的科学创造才能

实验教学作为科学教育的重要手段之一,具有直观性、实践性、探究性等特点,能够激发学生的学习兴趣和主动性。在实验过程中,学生通过观察、操作、合作、思考和总结,实现对知识的深度理解和应用。此外,实验教学还有助于培养学生的创新意识、科学思维和实践能力,这与当前教育改革的目标高度一致。

4. 促进学科交叉,打造科学教育创新策源地

随着社会对复合型人才的需求增加,跨学科学习成为教育改革的重要方向。跨学科学习理念的整合与应用在科学类课程教学中是非常重要的一种有效教学策略,有助于不同学科知识的相互融合、有机联系,为学生提供更广泛的学科背景和多元化的问题解决手段,使学生在实践中掌握跨学科的知识和技能,有助于学生科学素养的全面提升。

因此,开展科学类课程衔接的研究与实践,既是学校为解决科学类课程实施之困的主动应对,也是新时代背景下的顺势而为。

二、破解思路

(一)大科学,全贯通——开展衔接教学研究

学生的科学素养并不是一蹴而就的,而是在进阶的科学类课程学习、实验与实践活动中逐步形成的,其发展历程是连贯且具有层次的。然而,义务教育阶段的科学类课程学习涉及一至九年级的学生,覆盖范围极广,学生在认知结构、心理特征等方面存在较大差异,不同阶段的学生、同一阶段的不同学生在科学概念的建构、科学方法的应用、科学现象的认识、科学思维的形成、态度责任的践行等方面存在能力水平的高低。因此,一方面,在整体把握义务教育阶段科学类课程内容体系的基础上,教师要基于不同阶段学生的学情,对每一阶段的学习理念、目标、内容等进行再梳理,以符合学生认知发展的规律与特点。例如,小学自然课程的基本理念主要是保护学生的好奇心,激发学生学习科学的兴趣,学生是主

动的学习者,教师是学习过程的组织者、引导者和促进者;而初中科学类课程(科学、物理、生命科学、化学)的基本理念主要是立足学生发展,引导学生逐步认识科学的本质,体会科学探究的精神。另一方面,在确立各学段课程的目标与内容后,还要基于衔接的视角进一步将其细化,对科学类课程的教学内容、教学方法等进行衔接研究,切实提升课程实施效益。

(二)重实践,提素养——以实验教学作为衔接点

实验作为科学类课程的共有特点,在教学中一直处于不可替代的地位,其完整的探究过程能够使学生较为全面地经历应用科学知识、使用科学方法、践行科学态度等阶段,有利于提升学生的探究能力和实践能力,有益于学生在未来生活中迁移知识、运用方法分析和解决新问题。选择实验教学作为主要的衔接点开展衔接研究,一方面,可以为打破科学类课程学科壁垒提供支点。中小学科学类课程涉及的学科有五门,它们互相的学科知识结合点各不相同,且总体上看内容有限,我们需要找到一个衔接点贯穿整个学科类课程。实验是五门科学类课程共有的一个教学部分,以它为主线可以串联起各个学科、各个年段科学类课程。另一方面,在培养学生的科学探究意识、科学探索能力、科学精神、科学态度等方面具有非常重要的作用,有利于全面提高学生的科学素养。

此外,学校还需要建立必要的工作机制,帮助科学类课程教师建立良性沟通,形成合作关系,为科学类课程的衔接和实施提供保障。同时需要积极拓展学习资源,将科学类课程的学习与生活、社会建立密切联系,立足大科学视野,提升学生的科学素养。

出于以上研究分析,我校立足科学类课程,从课程校本化实施和建设的角度,以实验为衔接点,通过中小学科学类课程的衔接研究,力图发挥"合分一体"的中小学科学课程的整体优势,从而提升学生科学素养培养的效能。

三、科学类课程实验衔接教学的研究与实践

(一)科学类课程实验教学的分阶段目标

通过对自然、科学、生命科学、化学、物理五门学科教材中的实验进行梳理整合,基于课程标准,学校在衔接研究的基础上,确立了科学类课程实验教学的分阶段目标。分阶段目标的建立是对教师开展实验教学的重要指导,明确了在实验教学中要关注知识内容的衔接、实验器材使用规范的逐步培养、科学方法培养

的循序渐进,避免了知识点在不同学段、不同学科中重复教学的现象,把更多的教学时间留给学生实验、探索、思考。

(二)科学类课程实验衔接的教学内容

对一至九年级科学类课程实验内容进行全面梳理,根据重复合并、递进衔接和拓展延伸的原则形成了实验教学的三个板块序列:物理—科学—自然、化学—科学—自然、生命科学—科学—自然,共24个专题。以分专题的形式进行九年一贯的实验序列设计,实验内容层层递进,互相衔接。以"物理—科学—自然"板块的"热传递"专题为例,详见表1。

表1 "物理—科学—自然"板块序列的"热传递"专题

板块	专题	实　　验	年级、课时
物理 — 科学 — 自然	热传递	一、比较不同调羹热传导本领的大小 二、不同形状金属棒的传热方向 三、水传热的方向 四、空气传热的方向 五、热在金属棒中的传递 六、金属与非金属的导热性 七、不同金属的导热性 八、水的导热性 九、空气的导热性 十、空气的对流 十一、水的对流 十二、探究不同物质的吸热本领	实验一至四建议三年级第一学期使用(1课时); 实验五至十一建议七年级第一学期使用(2课时); 实验十二建议八年级第二学期使用(1课时)

(三)科学类课程实验衔接的教学策略

1. 实验的选择与开发策略

(1)可操作性。科学类课程实验教学以学生实验为主,教师演示实验为辅;以学生自主探究为主,教师指导为辅;以学生为实践主体,教师加以正确引导、点拨解疑,让学生充分体验实验的过程。因此,实验的选择与开发要强调可操作性,要确保学生有能力、安全地完成实验。

(2)科学性。实验的选择和开发要注重科学性,要给学生正确的引导,有利于学生形成正确的科学思想、观念、认识,提升学生规范科学的实验操作能力。

(3)针对性。对不同学段、不同学科的实验,教师要基于分阶段目标,选择有针对性的实验。实验要有利于对学生规范使用实验器材习惯和科学方法的逐步培养。

（4）衔接性。实验的选择与开发要根据不同学科的课程标准、学生的学情，选择具有衔接性的实验，促进学生阶梯式成长与发展。

2. 实验衔接教学策略

小学自然学科创设情境，激发兴趣，注重学生观察能力的培养。实验教学并非凭空实验，教师应先创设实验教学的情景，根据小学生的身心特点和认知规律，帮助小学生建立一个有利于学习的心理环境和认知环境，从而激发学习探究的热情，调动参与实验的兴趣。在此基础上，教师应提供学生能直接参与的各种情景实验，让学生自己发现现象、描述现象、提出问题、解决问题，这比教师单纯的讲授和个别学生或教师的演示更有效。对于实验现象较多的实验，可以通过多次观察、比一比哪一小组观察到的现象更全面等方式引导学生注重整体观察和局部观察相结合的全面观察思想，逐步培养一双双善于观察、善于发现问题的慧眼，为中学科学实验基础技能的培养做好铺垫。

中学科学学科关注观察与操作，注重学生实验基础能力的培养。中学科学学科实验衔接教学基于小学自然学科学习，为中学理化生实验教学打基础，起到承上启下的作用。也正因为其地位的特殊性，教师要向上了解理化生学科的教学目标和内容，向下明确小学自然已学知识，根据衔接目标，借助衔接实验手册，引导学生回忆小学自然中埋下伏笔的探究性问题，以便向下衔接。在教学中，教师要引导学生学会用科学语言描述所观察的现象，并对实验中的现象进行初步分析，得出结论。同时，科学的课堂还可以延伸到生活，加强生活与科学的联系。

中学理化生学科关注分析、归纳和表达，注重学生实验能力的提升。要有效地开展理化生实验教学，教师需要将科学与理化生的课程标准做对比，充分了解学生已掌握的实验技能，包括基本实验器材操作技能、实验设计能力、实验观察能力和实验表达能力，基于学生学情设计合理实验，避免重复教学。在此基础上，教师要立足学生实验，积极开发生活实践类实验、探究性实验，让学生运用综合学科知识解决实际问题，开展跨学科学习与实践。

以"物理—科学—自然"板块序列的光的折射实验为例，小学自然在实验教学目标中要求学生根据给定的实验器材和制作步骤看一看潜望镜的结构，做一做潜望镜，画一画光的传播路径，知道平面镜能够改变光的传播路径。基于这一基础,在七年级科学课堂中,教师设计忆一忆潜望镜的结构这一部分内容,即回忆自然学科中的所学,然后试一试用平面镜来改变光的传播方向,通过对反射角、入射角大小的科学表述,让学生关注因果关系,激发学生思维的碰撞。在八年级物理课堂中,教师借助衔接实验手册帮助学生回忆结论,利用实验器材设计、验证角的规律,理解法线并非是为了确定入射角、反射角的一条辅助线,帮助学生理解法线的作用。最后学以致用,通过规范的作图解释潜望镜的工作原理,与小学自然中制作潜望镜相呼应,完善学生的知识体系。通过分年段实验课程教学策略的实施,教学目标与内容得到有序落实,学生的实验能力得到提高,科学素养得到培养。

（四）配套实验手册的设计

通过编写《义务教育阶段科学类课程实验衔接教学指导手册》《义务教育阶段科学类课程学生实验手册》,课程实施的目标和内容更加系统、明确、具体。《义务教育阶段科学类课程实验衔接教学指导手册》以知识点为主体,将自然、科学、生命科学、物理、化学中涉及的共同实验进行梳理,明确其"学习要求""目标达成的途径和方法"以及"实验教学的建议",以此帮助教师明确衔接知识点承上启下关系以及教学策略,确保教师在课堂教学实践中统一标准,提升实效。

《义务教育阶段科学类课程学生实验手册》供学生记录在校九年的实验活动,引导学生回溯已学知识,帮助学生明确知识脉络。整本手册汇编了三个板块序列共计 24 个专题的实验记录单,按小学自然、中学科学、中学理化生的排列顺序设计。实验记录单的第一部分,通过设计问题或创设情景帮助学生回忆前一学段已有知识;实验记录单的最后留给学生思考、继续探究的空间,为后一学段的实验探究埋下伏笔,从而为知识体系的构建形成一条无缝的衔接链。

（五）科学类课程实验衔接教学的多元评价

1. 评价指标衔接

评价指标以实验衔接教学目标为指导,根据四个学段学生的学习需求和发展目标,设定相应指标。相比较衔接研究前的评价,即以实验报告、纸笔实验题测量科学性知识,衔接研究后的评价更关注的是科学素养中的实验技能、探究方法以及质疑能力的发展性评价。课堂实验、科学小制作、科学实验展示等活动能直观地评价出学生在实验过程中的参与度,从一定程度上改变重结果轻过程、重死记硬背轻能力培养、重课本轻实践等问题,充分发挥评估的积极作用。衔接后的教师评价更重视学生科学思考的过程,关注每个学生,综合考虑学生的个体差异,在探究的过程中进行适时、恰当的评价,并指导学生充分利用衔接过程的客观记录,反思学习过程,使课程衔接更加有效。

2. 评价模式多元

在科学类课程实验衔接教学中采取主观性评价与客观性评价相结合的评价模式,课堂实验、科学小制作、科学实验展示等以主观性评价为主,其中包括自评、互评和师评三个方面;实验报告、纸笔实验题等以客观性评价为主。

自评体现"以人为本",重视学生的主体地位,倡导考察自我发展性。通过自我评价,学生可以发现自己在活动中的不足,激励自身学习的内在动力。互评主要有两种形式:其一是以小组为单位,主要评价学生在课堂实验中的积极态度、合作意识、交流意识等,激励学生积极参与学习活动,倡导为每一位学生创造锻炼的机会;其二是以班级、年级为单位,主要评价学生在科学小制作或科学实验展示中积极的态度、科学概念表述的正确性、作品的美观性等,以鼓励学生学以致用,增强跨学科学习能力,发展科学素养。

3. 评价内容多元

采用等第与评语相结合的方式进行评价,主要考查学生的实践能力与创新意识。两种评价方式的结合既是形成性评价和终结性评价相结合的过程;也是落实教学目标的要求,既要考查学生对科学概念与事实的理解,又要评价学生科学探究的方法与能力、情感态度与价值观,在一定程度上让教学目标具有可检测性;更是涵盖了科学素养的各方面,基于课程标准的科学评价方式,从一定程度上改变了重结果、轻过程,重知识、轻能力,重课本、轻实践等问题,充分发挥评估的积极作用。

四、研究成效

教师领导课程发展,使之更加切合校情;教师优化教学衔接,支持学生素养发展。学校持续跟进学生科学素养发展情况,从近年来初中学业质量绿色指标综合评价的结果来看,经过多年打破壁垒、贯通深耕,我校初中学生在科学观念、科学思维、探究实践维度取得 A、B 等级的人数比例均超出本市、本区水平 10%以上,与前几年相比有显著提升。学生对实验内容衔接的认可度高,学生迁移应用知识的能力提升,科学思维发展呈现连续性、递进性的良好态势。

除了普惠性效益外,部分学生在科学学习方面获得个性发展。近年来,学校有四名学生获上海市青少年科技创新大赛一等奖;还有部分学生获上海市青少年科技创新大赛二等奖、三等奖,"虹创之星"专项奖等,在工程、信息、人工智能等领域的各类活动中取得了优异的成绩。

　　学生对科学实践平台的需求进一步反哺学校课程的多样化发展。基于特色课程群框架,学校开设了近15门科学创新教育课程,如STEM探究学习、基于Mind+的人工智能体验等,使学校对学生科学素养的九年一贯培养在课程衔接点、生长点、发展点上走向成熟。

　　为了更有利于衔接教学的实施,我们还形成了科学类课程教师联合教研的机制。我们要求每一位教师都必须熟悉全部科学类课程教材,任何一门学科的教师在对实验内容进行课堂实践研究时,所有学科教师都必须听课、参与研讨。为了增进学科间的深入了解,我们将初中物理、化学、科学教师安排到小学上自然课,让他们浸润其中,达到对教材的真正理解。经过这样的一个实践过程,教师的教学理念以及对教材的理解、对教学的认识都发生了改变,提升了教师的课程领导力。

　　面对科技的飞速发展,信息化社会不断加速,教育作为国家发展的基石,必须适应这一变革。学校要以积极的心态主动应变,在变化中把握科学教育的方向,以科学为引擎,以学校为主阵地,以实践为主渠道,以创新为主线,持续激发青少年的好奇心、想象力与探求欲,培养现代化创新人才,展现"大科学"教育的理念与格局。

参考文献

［1］郑永和,苏洵,谢涌,等.全面落实做好科学教育加法 构建大科学教育新格局［J］.人民教育,2023(19):12-16.

［2］马蔼乃,中国航天系统科学与工程研究院"钱学森工程"课题组.钱学森科学思想对现代科学技术体系的影响［J］.中国航天,2019(3):48-49.

核心素养导向的小初衔接
跨学科课程建构与实施
——以"'妙竹生趣'跨学科
创智实践课程"为例

上海音乐学院实验学校　贾晓岚

摘要：以学生核心素养为导向，对课程内容结构以跨学科学习的方式进行优化是深化教育教学变革的切入点和突破口，是课程标准坚持的课程优化方向。上海音乐学院实验学校以九年一贯制特色为办学优势，以小初衔接为突破方向，以学生多样化、个性化、生动化的发展为目标导向，开展"'妙竹生趣'跨学科创智实践课程"的建构与实施，不仅拓展了跨学科校本特色课程的外延，还带动课堂文化的变革，深化课程内涵。

关键词：核心素养　小初衔接　跨学科课程

《义务教育课程方案和课程标准（2022年版）》中对跨学科的设计作了要求，学校通过一体化课程设计，将跨学科融入学段衔接；探索课程内容结构化，理顺知识与经验的关系；设置跨学科主题学习，推进综合学习。这些举措深层的治理逻辑是将跨学科理念浸入课程系统内部，以核心素养推进课程目标的改革，大概念整合课程内容，大单元、大项目、大任务教学革新教学方式，最终实现课程教学有效作用于学生素养的全面发展。课程的建构与实施需要学校建构跨学科教学联合体、学习共同体，需要教师进行课程内容结构化的教学设计，需要课程专家探索面向学生素养培育的跨学科评价。

上海音乐学院实验学校以九年一贯制特色为办学优势，以小初衔接为突破方向，以学生多样化、个性化、生动化的发展为目标导向，开展了"'妙竹生趣'跨学科创智实践课程"的建构与实施。

一、"'妙竹生趣'跨学科创智实践课程"的建构

（一）课程背景

1. 外在政策的要求

2022年《义务教育课程方案和课程标准（2022年版）》正式发布，《义务教育课程方案和课程标准（2022年版）》以学生核心素养为导向，着力对课程内容结构进行优化：一是设计新的课程内容，"遴选重要观念、主题内容和基础知识技能，精选、设计课程内容"；二是调整内容组织形式，"设立跨学科主题学习活动，加强学科间相互关联，带动课程综合化实施"。可见，跨学科的课程教学仍然是课程优化的方向。《义务教育课程方案和课程标准（2022年版）》要求加强课程综合，注重关联；加强课程内容与学生经验、社会生活的联系，强化学科内知识整合，统筹设计综合课程和跨学科主题学习；加强综合课程建设，完善综合课程科目设置，注重培养学生在真实情境中综合运用知识解决问题的能力；加强课程与生产劳动、社会实践的结合，充分发挥实践的独特育人功能，突出学科思想方法和探究方式的学习，加强知行合一、学思结合，倡导做中学、用中学、创中学，优化综合实践活动实施方式与路径，推进工程与技术实践，积极探索新技术背景下学习环境与方式的变革。

2. 内在课堂文化转型的需求

传统教育模式注重知识的灌输和记忆，新课标背景下更需要能够主动探索和解决问题的"探究者"。教育的目标不再局限于传授表面的"浅层知识"，而是追求"深度知识"的教学，以综合能力带动素养培育，实现深度学习。这要求教师改变教学方法，从"灌输课堂"走向"创意课堂"，激发学生的创造力和实践能力。

课堂文化的建设是深化课程改革、提高教育效能的重要途径。通过转型，可以实现从单向度教育向全要素教育的转变，能更好地满足现代化社会发展的需求。课堂转型旨在鼓励学生发展批判性思维和创造性思维，使他们能够成为未来社会的创新者和领导者。课堂转型也意味着教师角色的转变，教师需要不断学习、更新教学理念和方法，通过课例研究、教学观摩和教学切磋等方式提升自己的专业水平。我们探索从关注教师的"教"转向关注学生的"学"，从学生被动学转向引导学生自主学，从教师的独白转向教与学主体的多元对话，从关注知识

传授转向关注生命的全面成长。

为此,以跨学科创智实践课程为重点领域,重构学校特色课程设计,推进学校各学科实践研究,引导学生参与实践探究活动,经历发现问题、解决问题、建构知识、运用知识的过程。学校旨在创建自主、合作、对话的学习环境,促使学生提升问题解决能力、创造思考能力、综合应用能力,实现多样化、个性化、生动化发展的"慧动"课堂。通过构建跨学科实践课程文本,优化学校的教学环境,建设支持"慧动"课堂文化转型的课堂教学模式与学生评价制度,开展深度教研、跨学科实践性研究,实现"以教师智慧引领学生实践,促进学力增长;以学生成长促进课程整合,寻求共同发展"的"慧动"课堂文化。

学校以《义务教育课程标准》(2022 年版)为政策指导,以学校九年一贯制特色为办学优势,以小初衔接为突破方向,以学生多样化、个性化、生动化的发展为目标导向,以"'妙竹生趣'跨学科创智实践课程"的开发与实施为重点领域,梳理课程方案,形成课程文本,构建课堂模式,优化课堂评价,制定与学校办学理念相契合的"慧动"课堂文化,彰显学校的文化实力和文化自信。

(二)课程设计

1. 跨学段学习目标规划

学校以九年一贯制办学为优势,努力在基础教学学段内整体规划中小学生核心素养发展,以"'妙竹生趣'跨学科创智实践课程"为总主题设立"引导学会学习""引见科学精神""引领实践创新"具体指导目标,带领学生以"竹"为资源展开相关知识与相关技能的学习,用自主合作学习方式开展科学探究,加强知行合一、学思结合,倡导做中学、用中学、创中学的"慧动"学习模式,具体内容如表 1 所示。

表 1 "'妙竹生趣'跨学科创智实践课程"整体目标

目标\学段	引导学会学习	引见科学精神	引领实践创新
小学	认识问题产生,激发学习兴趣	学习科学探究方法,形成探究意识	初步体会创新,启蒙"慧动"自信

续　表

目标 学段	引导学会学习	引见科学精神	引领实践创新
初中	主动发现问题,学会自主学习	运用科学探究方法,规范探究态度	积极实践创新,自驱"慧动"成长

2. 跨学科主题设计

以"'妙竹生趣'跨学科创智实践课程"主题设计为例。

示例一:

主题名称:竹之味

主要学科:化学、生物

关联学科:劳动技术、信息技术

学习内容(或问题链)架构主题实施情况:以生活化的真实情境问题链引导化学、生物学科简单知识的自主学习,基本观念的渗透,以认知结果自然链接劳动任务及信息化展示,在创新实践中培育创新思维和人格。

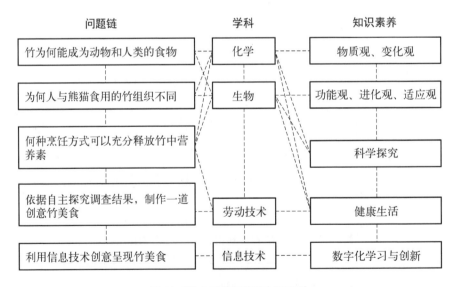

图1　"竹之味"跨学科主题设计

示例二:

主题名称:体验竹编之趣

主要学科：劳动技术、美术

关联学科：历史、道德与法治

学习内容（或问题链）架构主题实施情况：以项目化的真实情境问题链为引领，在实践探究中融合劳动技术、美术、历史、道德与法治等多学科核心素养培养目标，在活动中锻炼劳动能力，涵养审美情趣，感悟历史文化，提升思辨能力。

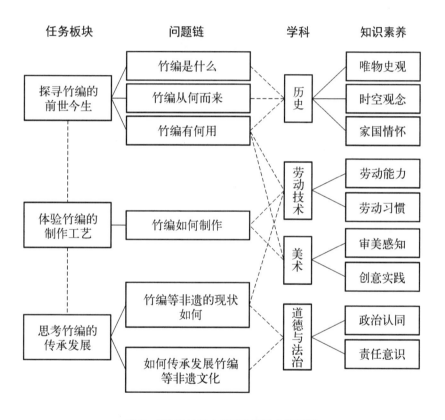

图 2 "体验竹编之趣"跨学科主题设计

示例三：

主题名称：校园小竹园设计策划案

主要学科：地理、生命科学、劳动技术、美术

关联学科：信息技术、语文、数学

学习内容（或问题链）架构主题实施情况：强调学生参与意识的培养与训

练,强调教学内容的兼容,重视从问题出发进行学习,高度关注中华优秀传统文化主题教育的融入,基于学校实际、特色自然、人文特点,促进学生学科知识的融合、迁移与应用,引导学生基于自身经验学习和解决生活中的问题,并做到学以致用。

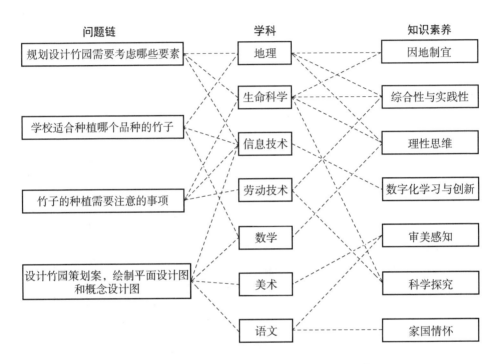

图3 "校园小竹园设计策划案"跨学科主题设计

示例四:

主题名称:竹画·自然笔记

主要学科:美术、生命科学、语文、劳动技术、生命科学

关联学科:地理、数学、信息技术、生物、物理

学习内容(或问题链)架构主题实施情况:主要是美术、生命科学、语文、地理等知识的融合运用,以绘画技巧为基础,运用造型观察方法对竹子形态特点进行表述,再根据小组间对生物特征描述的交流展示,对植物生长过程展开自主探究,在原有图画的基础上,以图文并茂的形式,展现学生文字科学性表达阐述的能力。

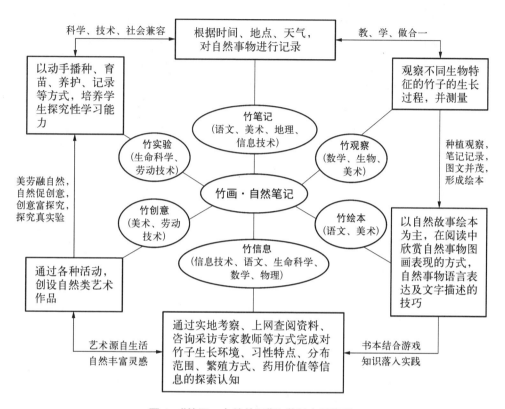

图4 "竹画·自然笔记"跨学科主题设计

示例五:

主题名称:竹节之变

主要学科:语文、劳动技术

关联学科:物理、美术

学习内容(或问题链)架构主题实施情况:整个综合性任务链的设计,由文本知识与资料收集展开,在引起学生参与兴趣的同时,加强后续动手设计制作理论知识的学习,最终以体验亲手制作的竹节人并进行对战小游戏落幕。学生从前期的资料收集到设计方案再到操作完成,拥有完整的过程体验。

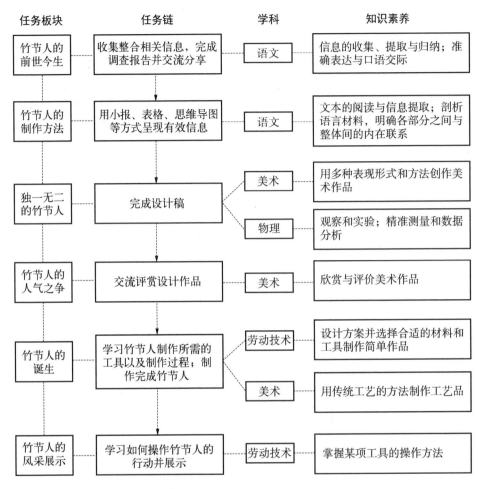

图5 "竹节之变"跨学科主题设计

示例六:

主题名称:竹之声

主要学科:物理、劳动技术、音乐

关联学科:信息技术

学习内容(或问题链)架构主题实施情况:依据创新素养的行为表征,从创新人格、创新思维、创新实践三个维度开展实践研究。学生设计一件竹乐器,历经小组分工、方案设计、交流讨论、实践操作、问题解决、反思改进、展示分享等过程。

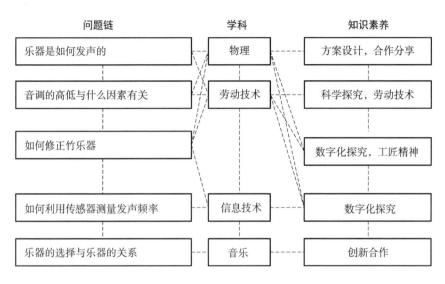

图 6 "竹之声"跨学科主题设计

3. 主题式学习路径设计

"'妙竹生趣'跨学科创智实践课程"的整体设计着力形成有脉络、有架构、有层次、可推广的学习路径,体现课程"高立意化设计,高可行性实施"的特点,在实施个性化教学的同时,兼顾学段间的学习衔接与递进。"'妙竹生趣'跨学科创智实践课程"学习路径设计(部分)如图 7 所示。

在"'妙竹生趣'跨学科创智实践课程"中,小学阶段主题设置聚焦对课程的认识,引导学生从个人兴趣出发发现问题,从独立学习向合作学习的学习方式转变。主题学习鼓励学生围绕学习资源思考并发问,引导学生体会问题产生及科学探究的过程,认识创新是从自身兴趣和需求出发的自驱行为,培养学生跨学科学习启蒙意识。"'妙竹生趣'跨学科创智实践课程"主题学习的一般途径如图 8 所示。

初中阶段主题设置聚焦跨学科知识融合的科学探究和实践创新。在小学阶段建立课程理解力、探究过程的适应力后,教师整合学段特征和中考评价要求,引导学习者探究态度的正向规范,强化学习者学习结果的多维度评价,给予学习者创新意识的正向激发,支持学习者源于主题但不限于主题的一切跨学科学习主张,鼓励学习者在主题学习中完成创新与再创造。

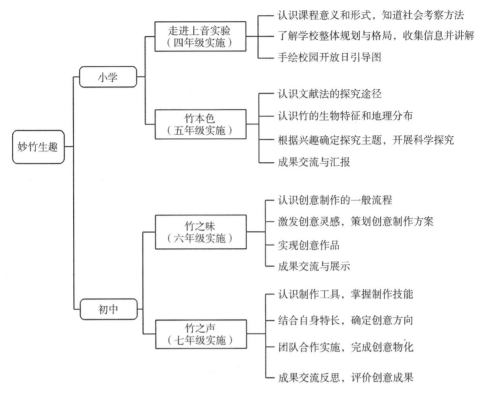

图7 "'妙竹生趣'跨学科创智实践课程"学习路径设计(部分)

发现问题
·明确兴趣和需求
·思考和发现问题

科学实践
·践行理念与分工
·自主学习推动学习进程

分组分工
·明确角色与分工
·学会沟通与合作

成果交流
·交流学习过程
·关注学习评价

图8 "'妙竹生趣'跨学科创智实践课程"一般学习途径

二、"'妙竹生趣'跨学科创智实践课程"的实施

（一）跨学科团队组建与联合教研

一是在课程规划指导下,围绕跨学科实践课程实施开展深度教研活动,把原本的单学科教研转变为单学科教研、跨学科教研、小初衔接教研、集团联组教研

等结合的多层次教研。

二是学校统筹、协调、整合五大教研团队,组建以专业能力强、有跨学科教学经验的一线骨干青年教师为主的跨学科创智实践课程教研团队,将"慧动"课堂文化相关内容作为教研实践的重要方面,及时提炼和总结相关经验,注重成果向各学科教研团队辐射的良性工作机制,把教研的内容深度化、广度化。

目前学校跨学科创智实践课程教研团队由劳动技术、物理、化学、生命科学、信息科技、艺术、道德与法治、语文、数学、地理等10门学科的12位教师组成。

(二)实施主体与场景的突破与尝试

1. 学习空间建设

打造信息化的学习空间,提升普通教室与专用教室的信息化水平,促进自主学习、师生交互、小组合作的有效开展;充分利用博物馆、图书馆、大学等校外资源,打造校外学习空间,为学生跨学科综合课程的智慧学习提供平台。

2. 学习资源建设

建立校园网络资源平台,建立作业库、试卷库、视频库等,提供促进学生自主学习的内容解析、习题讲解、知识拓展等资源;根据线上教学的技术积累,建立支持学生学科探究学习、跨学科综合学习的软件资源;建立教师资料库,收集支持教师材料储存、过程记录、总结梳理的个人成长平台资源等。

3. 心理环境建设

学校将着眼于软环境建设,营造平等互助、团结协作的教师深度教研氛围,平等对话、实践互动的学生深度学习氛围,相互尊重、互相启发的师生深度教学氛围。此外,借助全员导师制的实施等途径,深化师生关系建设。

(三)多元课堂评价的融入与渗透

学校以发展学生核心素养为指向,深化对于学生综合素质评价体系的研究,建立"慧动"模式评价体系。一是全面评价学生知识掌握、能力发展、习惯养成等各方面的发展情况;二是横向采用表现性评价、形成性评价和终结性评价相结合的多元评价形式,纵向采用分学段、发展性的评价方式;三是强调教师评价、学生自评、同伴互评相结合,引导学生自我建构知识,自主反思对知识的理解与掌握情况,逐步成长为主动的自我评价者,进而实现学力的增长;四是强调对于评价结果的充分利用,基于结果分析优化教学过程,促进自主学习。"'妙竹生趣'跨学科创智实践课程"评价指标如表2所示,主题学习过程性评价、终结性评价如表3、表4所示。

表2 "'妙竹生趣'跨学科创智实践课程"评价指标

一级指标	二级指标	二 级 指 标 释 义	得分
课程的开发与建设（20%）	课程定位（10分）	以跨学科项目学习为载体,以全面转变教学方式为标志,社会实践活动与设计制作体验相结合,提高学生完整学力,让学生从学会到会学,契合学生认知发展水平,符合时代育人需求	
	课程内容（10分）	课程内容适合学生创新素养培育及学生自主学习理念的建立;在与现实生活融合度高的基础上,选择的内容有前瞻性;教学内容的组织契合学生年龄的具体认知水平,有利于教学的有效开展	
课程的设计与实施（40%）	课程设计（10分）	列出课程的主题目标与学习目标,详述课程重难点,以课程内容为依据,课程时间安排适当,学习活动设计符合课程内容与教学目标,每周学习时长安排合理	
	方法策略（10分）	教学设计注重引导,以学生为中心,设置充分的动手实践环节,关注体验性,以目标为导向给予学生明确的指导方向,提供教学支架;采用专题主题化和项目式的教学方式,包括探讨型课程、任务型课程、活动型课程	
	教学反馈（10分）	利用多种渠道、多种方式进行教与学的双向反馈和交流	
	教学评价与学生评价（10分）	根据课程要求采用多元化的评价方式,过程性评价与终结性评价相结合;自主评价方式符合教学目标,联系当前课程内容;自评、互评活动有详细的评分标准;有规范、详尽的学生评价指标	
课程的评价与保障机制（20%）	环境（10分）	根据课程内容选择契合的教学地点,环境安排安全合理	
	保障制度（10分）	定时定点开展教学研讨,保障课程的顺利实施;定期进行专项培训,有专门的技术支持	
课程的成果与成效（20%）	学生发展（10分）	学生在获得基础知识和基本技能的过程中,强化关键能力培养,包括认知能力、合作能力、创新能力、职业能力等;通过课程学习,学生能增强学习信心与兴趣,在学习情感上有所收获	
	目标达成度（10分）	课程实施结果能达成课程目标设置	

表3 "'妙竹生趣'跨学科创智实践课程"交流展示评价表

主题_____ 组号：_____

评价维度	评价标准	第一组	第二组	第三组	第四组	第五组	第六组	第七组
演讲表现	1. 口齿清晰,声音响亮(10分)							
	2. 自信大方,从容自如(10分)							
表达内容	1. 内容全面,条理清楚(20分)							
	2. 过程清晰,资料详细(20分)							
演示文稿	1. 图文搭配协调,修饰恰当(10分)							
	2. 整体色彩和谐,风格统一(10分)							
整体效果	1. 结论合理,能够推进主题研究(10分)							
	2. 技术创新,形式新颖(10分)							
总分(100分)								

表4 "'妙竹生趣'跨学科创智实践课程"回顾与活动评价表

主题_____ 班级_____ 第____小组 姓名_____

活动阶段	活动内容	过程性评价						结果性评价			
		行为规范		小组合作		交流表达		个人任务		小组任务	
		自评	互评	自评	互评	自评	互评	任务名称	完成情况	任务名称	完成情况
自主选择	分组,制定小组分工计划							文献法调查的资料收集与报告		小组分工计划(小组)	
								问卷法调查活动记录与报告		小组调查方案	

续　表

活动阶段	活动内容	过程性评价						结果性评价			
		行为规范		小组合作		交流表达		个人任务		小组任务	
		自评	互评	自评	互评	自评	互评	任务名称	完成情况	任务名称	完成情况
合作探究	根据所选定的方向,制定调查方案,实施调查,形成报告							观察法调查活动记录与报告		调查报告	
								访谈法调查活动记录与报告		调查报告交流评价表	
交流发展	1. 调查成果展示 2. 主题总结 3. 活动评价							调查问卷		成果展示	
								"走进上音实验"主题回顾与活动评价表		"走进上音实验"成果展示评价表	

注:1. 自评、互评栏以"A""B""C""D"评价。
　　2. 个人任务、小组任务的完成情况以"√""×"表示"完成""未完成"。

三、"'妙竹生趣'跨学科创智实践课程"的收获

通过"'妙竹生趣'跨学科创智实践课程",着力建设以学生核心素养为基准、以课程标准为核心、以学生认知规律为抓手、以学习目标为导向、以校本特色为突破口的跨学科课程,促进学生多样化、个性化、生动化的发展,创建自主、合作、对话的学习环境。

通过课程的设计与实施,开展跨学科项目式背景下的单元课例研究,摸索出跨学科单元教学设计与实施的有效路径,并逐步向各学科教研组推广、实践。在跨学科项目研究的基础上,整体设计各学科实践性学习任务,把单一的课程项目系列化、序列化,推进学校"慧动课堂、慧动课程、慧动教研、慧动实践"四位一体的"慧动"管理模式;提炼"慧动"经验,实现以点带面,结合深度教研项目,以教研组和备课组为单位,开展多层级的单元课例撰写,着力使传统课堂向"慧动"课堂转型。

素养导向下的"'妙竹生趣'跨学科创智实践课程"为"双新"背景下的教育调

色盘注入了新的颜色,让核心素养导向下的教育笔触更有力,让新时代的教育作品更鲜活。

参考文献

［1］中华人民共和国教育部.义务教育课程方案(2022 年版)[M].北京:北京师范大学出版社,2022:4.

［2］张玉华.核心素养视域下跨学科学习的内涵认识与实践路径[J].上海教育科研,2022(5):57－63.

［3］伍红林,田莉莉.跨学科主题学习:溯源、内涵与实施建议[J].全球教育展望,2023,52(3):35－47.

［4］李俊堂.跨向"深层治理"——义务教育新课标中"跨学科"意涵解析[J].四川师范大学学报(社会科学版),2022,49(4):116－124.

［5］陈琳.跨学科课程"学段异构"的区域创新实践[J].上海课程教学研究,2023(2):9－14.

［6］陈丹,崔亚雪,李洪修.跨学科主题学习的实践属性及其路径选择[J].天津师范大学学报(基础教育版),2023,24(4):1－6.

品质生活，幸福成长

——九年一贯制学校劳动教育 课程一体化建设

上海市嘉定区练川实验学校　唐玉琪

摘要：基于内涵发展需求，学校对劳动教育课程进行顶层规划设计，架构了"一个理念、两个目标、三项内容、四项原则、一条路径"的整体性课程框架，梳理出了一条"四横九纵"的教育线轴。学校打破德育与学科的壁垒，整合教育内容、开发课程资源、统筹课时安排，制定劳动教育课程图谱，打造"品质生活，幸福成长"生涯导航视角下的中小学一体化劳动教育课程。

关键词：九年一贯制　劳动教育课程　一体化建设

为全面贯彻党的教育方针，落实立德树人根本任务，基于嘉定"品质教育"改革的需求，基于校本 CLASS 练德课程体系的内涵发展需求，学校从九年一贯制学生的学情出发，开展劳动教育的一体化建设，打造"品质生活，幸福成长"生涯导航视角下的中小学一体化劳动教育课程。

一、实施背景

在学校"练达纳百川"办学愿景的引领下，全体练川人紧紧围绕"练德成人、练智成才、练能成功"的总目标，在推进校本德育课程化的进程中，智慧众筹，构建了 CLASS 练德课程体系，促进"立德树人"的系统化落实。CLASS 练德课程名称分别由五个英文单词的首字母组成，即 Creativity（创意）、Life（生活）、Action（行动）、Subject（主题）、Service（服务）。五大板块的课程群建设，引领学生在丰富的练德经历中，践行社会主义核心价值观，传承中华优秀传统文化和精神谱系，厚植使命担当的家国基因。学校充分发挥课程的育人功能和价值，培养德智体美劳全面发展的社会主义接班人。

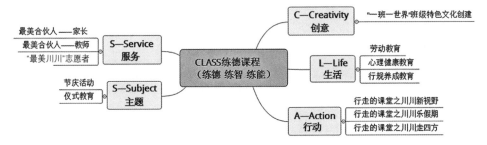

图 1　CLASS 练德课程体系

在生活板块课程群中,"品质生活,幸福成长"生涯导航视角下的中小学一体化劳动教育课程是其中之一。根据《大中小学劳动教育指导纲要(试行)》文件精神,学校对劳动教育课程进行顶层规划设计,打破德育与学科的壁垒,整合教育内容,开发课程资源,统筹课时安排,从生涯导航的视角、从整体育人的角度探索出一条创新而扎实的劳动教育实施路径。

二、课程内容

学校架构了"一个理念、两个目标、三项内容、四项原则、一条路径"的整体性课程框架,以"劳动即生活,生活即教育"为理念,以"劳动创造品质生活,劳动奠基幸福未来"为目标,开展日常生活劳动、生产劳动、服务性劳动,在课程实施过程中坚持育人为本、实践为基、资源整合、协同开发四大原则,从而让学生实现从"认知真实的生活世界和职业世界",到"获得有积极意义的价值体验",再到"建设世界,塑造自己,实现以'树德、增智、强体、育美'为目的的个人成长路径"。

学校梳理出一条"四横九纵"的教育线轴,制定了劳动教育课程图谱。"四横"即校内课堂、公益服务、主题活动、校外实践四大教育内容,"九纵"即九个年级的纵向跨度。学校根据年级特色和学生身心发展特点,合理安排各年级的教育内容和主题,以达到不同的劳动教育目标。小学中低年级(1—3 年级)主要关注学生个人起居中劳动能力的培养,引领学生感知劳动乐趣;小学高年级(4—5 年级)主要关注学生校园、家庭劳动中劳动能力的培养,引领学生感知劳动光荣;初中年级(6—9 年级)主要关注学生校内外生产劳动和服务性劳动中劳动品质的培养,引领学生感知责任担当。小学阶段重在启蒙学生"劳动创造品质生活"

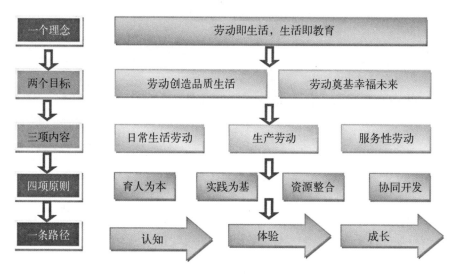

图 2　劳动教育课程框架

的快乐生活意识,初中阶段重在启蒙学生"劳动奠基幸福未来"的生涯规划意识。

教师在校内挖掘课堂、社团、主题活动中劳动教育的鲜亮元素及创新支架,促进劳动教育在跨学科中的融通与综合;对外整合各方资源,联结学校、家庭、社会场域,促进劳动教育在新视野中的开放和多样。分级分层课程图谱的搭建,让不同年级的学生在不同的劳动实践中获得了不一样的成长经历。

三、实施策略

(一)品牌项目升价值

在劳动教育课程的校本化实施过程中,学校依托品牌项目的打造,延展劳动项目的纵向深度,为学生创造真实的个人生活、生产和社会性服务情境,使其亲历实际的劳动过程,从而切实提升劳动的育人功能和育人价值。

1. 品牌项目一:"举手之劳,四季尽收"幸福成长整理术

根据《大中小学劳动教育指导纲要(试行)》对小学学段学生的劳动教育内容的指导建议,结合学校学生的学情,我们为三、四年级的学生精心打造了"幸福成长整理术"微课程,立足学生的日常生活劳动教育。

在课程的师资上,我们通过社团教师与班主任双导师制,有效推进整理课程的实施和落实;通过每学期 8 节社团整理课、每周的家庭实践操作、每月的班级成果展示,打通学生从课堂到实践的路径,打通学校与家庭的连接。

表1 "品质生活,幸福成长"生涯导航视角下的中小学一体化劳动教育课程图谱

年级	校内课堂	每学年课时	劳动师资	公益服务	每学年课时	劳动师资	主题活动	每学年课时	劳动师资	校外实践	每学年课时	劳动师资	评价方式	评价主体
一年级	1. 环保工艺 2. 家长幸福讲堂	16		班级岗位	30			5		生活小能手	10			
二年级	1. 开心种植园 2. 家长幸福讲堂	16		班级岗位	30			5		培植小能手	10			
三年级	1. 个人物品整理课 2. 家长幸福讲堂	32		班级岗位、校园值岗	34			5		自理小达人	10			
四年级	1. 家庭物品整理课 2. 劳动技术 3. 家长幸福讲堂	32	学科教师、家长、辅导员	班级岗位、校园值岗、校外志愿	38	班主任、家长、辅导员	春节、妇女节、清明节、劳动节、爱心义卖	5	班主任、家长、辅导员	当家小达人	10	班主任、家长、辅导员	表彰、评优、争章、创意奖励	学生、教师、家长、社区
五年级	1. 智能设计师 2. 劳动技术 3. 家长幸福讲堂	32		班级岗位、校园值岗、校外志愿	38			5		厨艺小能手	10			
六年级	1. 艺无"纸"境 2. 劳动技术 3. 家长幸福讲堂	16		班级岗位、校园值岗、校外志愿	38			5		寻访最美劳动者	10			

续 表

年级	校内课堂	每学年课时	劳动师资	公益服务	每学年课时	劳动师资	主题活动	每学年课时	劳动师资	校外实践	每学年课时	劳动师资	评价方式	评价主体
七年级	1. 练祁茶韵 2. 学工周 3. 家长幸福讲堂	16	学科教师、家长、辅导员	班级岗位、校园值岗、校外志愿	38	班主任、家长、辅导员	春节、妇女节、清明节、劳动节、爱心义卖	5	班主任、家长、辅导员	争当最美劳动者	10	班主任、家长、辅导员	表彰、评优、争章、创意奖励	学生、教师、家长、社区
八年级	1. "绳"秘空间 2. 学工周 3. 家长幸福讲堂	32		班级岗位、校园值岗、校外志愿	38	班主任、家长、辅导员		5	班主任、家长、辅导员	职场初探索	10	班主任、家长、辅导员		
九年级	1. 跨学科案例分析 2. 家长幸福讲堂	16		班级岗位、校园值岗、校外志愿	38			5		职场再体验	10			

从课程的内容上，我们研发了校本整理课学材《举手之劳，四季尽收》，三年级学生关注其个人物品的整理，在劳动中培养学生良好的个人卫生、生活习惯，引导学生做一个会自理的人；四年级学生关注其家庭物品的整理，在劳动中培养学生的家庭主人翁意识，引导学生做一个懂感恩、负责任的人。

表2 "幸福成长整理术"微课程图谱

年 级	时 间	主 题	内 容
三年级	第一学期（个人物品整理）	桌子到了休息时	文具的归类、书桌的整理美化
		大小玩具快显摆	各类玩具的不同收纳技巧
		一本一册皆宝典	书籍的分类、处置和收纳
		春装夏装急亮相	春装和夏装的收纳
三年级	第二学期（个人物品整理）	鼓鼓羽绒压扁你	冬装、羽绒服、羽绒被等的收纳
		鞋子委屈无处诉	鞋子的清洗及收纳
		洗洗漱漱少挤兑	卫生间中洗漱区、淋浴区、如厕区的整理方法
		拎着箱子走四方	行李箱中各类物品的收纳
四年级	第一学期（家庭整理）	打扫簸箕争帮忙	家中清洁工具、五金工具的收纳法
		锅碗瓢盆不吵架	厨房锅碗瓢盆、刀具、灶台的清洁收纳
		柴米油盐搬新家	粮油米面、调味料、瓜果蔬菜的收纳法
		天寒地冻我最爱	冰箱冷藏室、冷冻室的收纳法
四年级	第二学期（家庭整理）	账单小票请进房	说明书、发票、奖状等纸张的收纳法
		头痛脑热不慌张	药品处置及收纳方法
		客厅整洁心舒畅	客厅遥控器、充电线、零食等的收纳法
		一芽一叶嫩满屋	家庭植物的养护、摆放及家居美化
		包装盒袋不乱丢	包装盒袋收纳法、废旧纸盒DIY

"幸福成长整理术"微课程让学生在真实的生活情境中掌握劳动的技能,获得生活管理的能力,帮助学生养成良好的生活习惯,培养学生良好的生活审美意识和情趣,提升学生未来生活的幸福品质。

2. 品牌项目二:具有劳动特色的爱心义卖

新时代学生的劳动教育,不仅承载着劳动育人、劳动创新的时代任务,还承载着引领学生投身公共服务的教化功能。因此,我们突破传统爱心义卖的模式,结合劳动教育成果,赋予爱心义卖新的意义,不仅提升了爱心义卖的育人功能,还延展了劳动教育的载体。

首先是义卖产品的创新。我们鼓励、倡议学生将自己的劳动产品作为义卖品。例如,学习整理术后,学生对自己的空间有了更好的规划,闲置的物品成了义卖品;学生在社团课上完成的作品,如相框、手工艺品、发夹等都是很好的义卖品;"半亩田"劳动园的农作物也可以拿来义卖;还有的学生和妈妈一起制作了美味的蛋糕、饼干作为义卖品。劳动产品被拿来义卖,大大激发了学生参与义卖的热情,提升了学生的劳动积极性,检验了学生的劳动成效。

其次是义卖形式的创新。我们打破"静态"的义卖形式,变为"动态"的现场互动。义卖现场不仅有现成的劳动义卖品出售,顾客还能参与劳动体验,自己动手做一做,例如做发夹、做杯垫、设计广告衫。现场还搭建了一个简易的"梦"舞台,顾客可以付费点歌,由大队委员和音乐小达人组成的"梦之队"进行现场演绎。动态的义卖不仅提升了义卖的效果,还让学生感受到了劳动带来的快乐。

具有劳动特色的爱心义卖,引导学生在活动过程中体会金钱的来之不易,懂得财富的真正价值;帮助学生牢固劳动最光荣、劳动最崇高、劳动最伟大、劳动最美丽的思想观念。

3. 品牌项目三:"最美川川",人人都是志愿者

营造人人都是志愿者的校园氛围,人人都来争做"最美川川"。每个学生在自己的班级中都有志愿服务小岗位,例如图书管理员、节能小卫士、黑板美容师、护绿小天使等。学生积极参与班级管理,争做班级小主人,在志愿服务小岗位上认真劳动,服务他人,在小岗位劳动中提升责任意识。

学校还有一支校园志愿者服务队,由值日中队轮流承担,志愿服务的内容是开展校园文明礼仪督查,包括课间文明休息、眼保健操、仪表、出操、队课队会、班级卫生、保洁区卫生、垃圾分类等。例如垃圾分类督查小分队须每天中午坚守在

垃圾房外，对各班准备投放的垃圾进行开袋检查，分类合格才允许投放。有了这支小分队，学校的垃圾分类工作有序推进。

在校外，同样也能看到学生志愿者的身影。他们以假日小队为载体，积极参加创城、垃圾分类、交通维护等劳动。在公园、在社区、在工厂，学生劳动的身影成为一道亮丽的风景线。学生在快乐的志愿服务中参与劳动、奉献爱心、传播文明，增强城市的主人翁意识。

（二）协作开发拓场域

《大中小学劳动教育指导纲要（试行）》强调要"丰富和拓展劳动实践场所"。学校空间的局限性及劳动项目的适需性促使学校搭建起家校社三位一体的育人网络，向外寻找并挖掘更多协同育人资源。

1. 家校合作，用好身边资源

假期中，家长志愿者组织学生走出家门，开展丰富多彩的劳动实践活动。他们走进医院、法院、消防中队、图书馆……开展职业体验；他们种地、采摘、烘焙……体悟生活乐趣；他们做小雷锋、做创城志愿者、服务敬老院……享受助人之乐。

家长志愿者也会走进校园，开展家长幸福讲堂活动。他们会和学生讲述职业相关知识，分享职业背后的故事；他们会传播垃圾分类知识，或组织学生栽种小多肉等等，丰富的拓展课堂受到了学生的喜爱。

2. 校社合作，发现身边资源

为了丰富劳动教育的多样性，为学生提供更多劳动学习场域，学校积极寻找合作对象开发劳动项目。在与学联合作的"习远课堂"项目中，学校学生从小学的割稻子、挖红薯，逐步延伸到了初中的职业体验；八年级的"国之重器，振华重工"项目，学校与大众工业学校合作，带领学生走进大众工业学校的个性拓展课，了解职业教育、体验职业乐趣、树立职业理想；学校与上海新读写文化传媒有限公司合作开发了"共筑航海梦，童心向未来"航海课程，以五育融合的理念进行设计，从《鲁滨孙漂流记》的阅读与实践融合课开始，到"船长来了"航海故事、航海知识的学习，再到最后登上"远望一号"的实践探究，这一系列的职业劳动教育既扎实又有效果。

四、课程评价

为了培养学生的劳动习惯，提升劳动教育的效能，学校积极开展劳动教育评价的探索。我们利用线上线下相结合的评价模式，利用奖章、练德行榜等评价载体,将过程性评价和结果性评价结合,对劳动教育过程实行监测与纪实评价,发挥评价的育人导向和反馈改进功能。

（一）线上打卡,养成劳动好习惯

我们借助线上打卡平台,成立"川川们一起来劳动"微生活圈,激励学生开展校外实践劳动。学生每日从事劳动后便可拍照上传微生活圈进行打卡,并配以文字进行记录或抒发感想,其余同学也能在第一时间进行点赞和评论。这种即时的过程性评价方式,打破空间和时间的限制,给予学生展示的舞台,让学生收获来自同学和教师的鼓励,增强了自信,激发了劳动热情,也有助于学生劳动习惯的养成。

同时,学校也会根据每学期线上劳动打卡的活跃度,对劳动小达人进行表彰,激发学生坚持并主动承担力所能及的家务劳动,学会用劳动创造美,用劳动献孝心,引导学生以小行动承担家庭、社会的大责任。

（二）探究评价单方式,提升劳动实效性

根据课程图谱,针对不同年级的不同劳动项目,我们有针对性地设计个性化的劳动评价单,让过程化的评价成为促进学生成长的有效方式。例如,整理课评价单的评价内容包含劳动态度、劳动技能两个维度,并根据整理要求,每个维度设计三星到五星的评价标准。每节课后,根据课堂表现和家庭实践,学生会得到相应的星数。评价主体包括自评、互评、家长评、教师评。

（三）争章激励,增强劳动光荣感

针对志愿者小岗位,学校大队部及团总支联合各年级组,共同开发具有学校特色的校级"小水手"志愿者章。学校发布召集令,号召学生和家长为志愿者章设计图案和口号。同时根据课程图谱,细化了不同年级志愿者的争章内容和争章要求,并以多元的评价主体作为争章依据。

校级"小水手"志愿者章是学校民主选举少代表、推优入团的重要指标。在每年的儿童节表彰中,我们还会评选出"最美川川"志愿者。

（四）"劳动"奖励"劳动",树立劳动价值观

学校创新评价方式,把"劳动"作为劳动教育的奖品,开展"我为校园添光彩"活动。对于劳动小标兵,我们把春季植树作为奖励,让学生在校园里亲手栽下一株樱花树,若干年后这株樱花树枝繁叶茂,见证学生在劳动中的成长;对于爱心义卖表现出色的班级,我们把"半亩田"劳动园种植作为奖励,学生认领田地后,

在班内进行投票选出最想种下的蔬菜进行播种和管理，共同见证劳动收获的喜悦。这种创新的劳动评价奖励机制，进一步丰富了学校的劳动教育课程内涵，有助于学生树立正确的劳动价值观。

马克思曾指出，教育同生产劳动相结合是提高社会生产的一种方法，教育同生产劳动相结合是改造现代社会的最强有力的手段，是造就全面发展的人的唯一方法。就个人而言，"劳动"乃立身之本；从国家层面讲，"劳动"关乎我们中华民族的伟大复兴。学校将继续扎实推进劳动教育课程建设，引领学生德智体美劳全面发展，开拓创新、砥砺奋进，以劳动托起中国梦，做新时代的接班人。

参考文献

[1] 中华人民共和国教育部.教育部关于印发《大中小学劳动教育指导纲要（试行）》的通知[EB/OL].(2020 - 07 - 09).http://www.moe.gov.cn/srcsite/A26/jcj_kcjcgh/202007/t20200715_472808.html.

[2] 赵荣生,唐华山."五育"并举背景下的劳创融合研究[J].学校党建与思想教育,2022(19)：61 - 63.

[3] 曹福荣.大概念视域下我国中小学劳动教育课程一体化建设探究[J].知识文库,2023(12)：55 - 57.

[4] 姜喜俊.中小学劳动教育课程一体化设计与实践研究[J].启迪与智慧（上）,2023(7)：24 - 26.

[5] 王保进,刘阳.系统思维视角下推进大中小学劳动教育一体化建设路径探析[J].台州学院学报,2023,45(5)：79 - 85.

[6] 刘晓晖.小学劳动教育课程一体化设计与实践研究[J].当代家庭教育,2023(21)：22 - 24.

第三章 教学篇：践行"双新" 提升效能

学校课后服务课程的探索

上海市静安区教育学院附属学校　翁慧俐

摘要： 自"双减"政策实施以来,学校深入理解国家关于进一步减轻义务教育阶段学生作业负担和校外培训负担的有关要求,用大课程理念统领学校课后服务工作,满足家长对课后服务的迫切需求,拓展学校教育的时空需求,实现社区教育的协同发展。坚持"五育并举"的育人原则、"学生发展"的差异原则、"学校特色"的传承原则,构建起"5+2"课后服务课程。通过"三段式"服务时间、"全覆盖"服务人员、"多样化"课程内容、"多元化"课程评价,有计划、有目的、有实施、有评价地开展课后服务,彰显课后服务独特的育人价值,为学校教育开创新天地,为学生五育并举、融合发展开辟新路径。

关键词： 课后服务课程

上海市静安区教育学院附属学校是一所九年一贯制公办学校,位于上海市中心城区静安区,有江宁和陕北两个校区。学校坚持和加强党对教育工作的全面领导,全面贯彻党的教育方针,办好让人民满意的教育。

自"双减"政策实施以来,学校深入理解国家关于进一步减轻义务教育阶段学生作业负担和校外培训负担的有关要求,用大课程理念统领学校课后服务工作,构建"5+2"课后服务课程,即每周5天,每天2小时的课后教育教学服务。学校以课程育人的要求审视课后服务工作,丰富课后服务的内涵,彰显课后服务独特的育人价值。

一、课后服务课程的必要性

(一)满足家长对课后服务的迫切需求

学生家长的工作节奏比较紧张,早晚接送孩子的任务大都转交给了长辈们。"双减"政策的实施对于学生放学之后的学习安排有较高的要求,长辈们普遍负担过重。在国家提出课后服务的政策之后,家长的需求比较高,非常希望学生能在放学之后继续参与课后服务课程,并且能够在学校获得个性化的发展。

(二)拓展学校教育的时空需求

国家推行"双减"政策之后,学校原来的课程设置发生了比较大的变动,原有的促进学生个性化发展的特色课程缺少了时空的保障,如学校 20 年来坚持的 30 分钟的跑步锻炼,学校的社团课程,个别化辅导的活动,体育、艺术、科技等特长发展课程在"双减"背景下都需要寻求新的生长空间。

(三)实现社区教育的协同发展

学校隶属江宁路街道管辖,毗邻陕西北路名人文化街,有深厚的历史文化积淀。江宁路街道非常重视未成年人教育,成立了社区教育联盟,着力开发社区实践资源和人文资源;有丰富的课程资源和优质教师可以走进校园,弥补学校教育和家庭教育所缺失的劳动教育、非遗文化教育等内容。社区期待与学校开展深度合作,融合教育资源,实现协同发展。

二、课后服务课程的目标设定

第一,满足所有家庭个性化的服务需要。课后服务课程不仅要满足学生对于在校时间的不同需求,还要满足学生对于服务内容的不同需求,实现"愿留尽留",全时段为学生提供个性化服务。

第二,解决部分学生在课堂学习中发展不均衡、不充分的矛盾。课后服务课程要满足不同学习水平学生的学业发展需求,促进学生全面而有个性地发展。

第三,强化学校的特色发展。"5+2"课后服务课程成为学校课程实施计划的一个重要组成部分,不仅是学校课程的补充,更是学校课程的特色发展。

三、课后服务课程的实施原则

(一)坚持"五育并举"的育人原则

成立多种多样的体育、艺术、科技、劳技、劳动、人文等专业团队,提供答疑辅导、阅读自修、中队队会等多种形式的课后服务活动;吸纳社区的优质课程,为学生的五育全面发展保驾护航。

课后服务课程类型主要分为:人文与艺术、科技与创新、生活与劳动、运动与健康、人格与修养。从课程分类可以看出,五育并举的原则使得课程呈现多样性。

（二）坚持"学生发展"的差异原则

九年一贯制学校，不同年级差异很大，不同学生差异也很大。学生对时间的需求差异，从半小时到 3 个小时不等；学生对服务内容的要求，有答疑辅导，也有能力提高；学生的兴趣也有差异，有艺术、体育、科技、人文等。因此，要坚持"学生发展"的差异原则，为学生提供个性化服务。

（三）坚持"学校特色"的传承原则

保留学校 20 余年课程与教学改革的创新实践，如：每天半小时的晚锻炼跑步活动及九年级学生每周五 15:00—18:00 的自由体锻；合唱队、打击乐队、创意绘画等区级专业艺术团队的建设与发展；篮球队、网球队、排球队等学生最喜爱专业团队的完善与优化；无人机、Python 编程等科技专业团队的进一步发展等。

四、课后服务课程的设计实施

（一）"三段式"服务时间设计实施

课后服务每天分为"三段式"。15:30—16:30 是学习时刻。学校安排了 30 分钟的跑步、15 分钟的劳动、10 分钟的班务管理等体育德育课后服务课程。16:30—17:30 是自主时刻。学校成立了体育、艺术、科技、劳技、劳动、人文等专业团队，提供答疑辅导、阅读自修等多种形式的课后服务课程。17:30—18:30 是温馨时刻。学校提供图书馆"阅读自修"等延时服务。学生回家时间可以根据自己的情况自主选择，不仅满足学生不同时间的需求，也满足学生不同内容的需求。

（二）"全覆盖"服务人员设计实施

所有教师人人参与，建立学校"5＋2"课后服务课程体系。全体教师（包括二线教师）共同承担繁重的课后服务工作，减轻班主任等部分教师的过重负担，使教师人人都能发挥自己的专业特长。考试学科教师以答疑辅导形式进行个别化辅导，其他一线教师和部分二线教师参与体育、艺术、科技、劳技、劳动、人文等专业团队的课程建设与实施，另一些二线教师及部分返聘教师在图书馆指导学生"阅读自修"。行政人员的管理时间跨度很大，从上午 7:15 到晚上 18:30，对所有课后服务课程进行检查、反馈，并做出改进和优化。

（三）"多样化"课后服务课程内容

按时间将学校的课后服务课程分为"学习时刻""自主时刻""温馨时刻"三类，具体见表1。

表1　课后服务课程分类表

	学习时刻	自主时刻	温馨时刻
时　　间	15:30—16:30	16:30—17:30	17:30—18:30
地　　点	操场、教室	专业场地、教室	图书馆
内　　容	体育锻炼	专业团队	阅读自修
	德育活动	答疑辅导	完成作业
班级数量	210个/每周	160个左右/每周	10个左右/每周

学校构建丰富多样的自主时刻专业团队课程，具体见表2。

表2　自主时刻专业团队课程安排表

	课　程　名　称	课　程　类　型	课　程　来　源
周一	星火鼓号队	人文与艺术	学校研发
	杰卡斯篮球队	运动与健康	学校研发
	JECAS啦啦队	运动与健康	学校研发
	人工智能体验	科技与创意	学校研发
	手工制作十字绣	生活与劳动	学校研发
	中学教室答疑	人格与修养	学校研发
周二	自习空间	人格与修养	学校研发
	空天卫星系统课程	科技与创意	学校外聘
	朗诵与主持	人文与艺术	学校外聘
	炫酷网球队	运动与健康	学校研发

续　表

	课 程 名 称	课 程 类 型	课 程 来 源
周二	趣味乒乓队	运动与健康	学校研发
	扣向未来排球队	运动与健康	学校研发
	青少年 DI 比赛	科技与创意	学校研发
	音韵合唱团	人文与艺术	学校研发
	中学教室答疑	人格与修养	学校研发
周三	心旋小乐队（中学组）	人文与艺术	学校研发
	乐动乒乓	运动与健康	学校研发
	杰卡斯篮球队	运动与健康	学校研发
	Python 编程（零基础）	科技与创意	学校研发
	非常数学	人格与修养	学校研发
	国风插画社	人文与艺术	学校研发
	EFP 导播团队	科技与创意	学校研发
	中学教室答疑	人格与修养	学校研发
周四	漫漫绘	人文与艺术	学校研发
	非常数学	人格与修养	学校研发
	App Inventor 软件制作	科技与创意	学校研发
	中学教室答疑	人格与修养	学校研发
周五	爱我中华	运动与健康	学校研发
	中外历史名人未解之谜	人文与艺术	学校外聘
	浅草文学社	人文与艺术	学校研发
	书香苑读书社	人文与艺术	学校研发
	纸飞机社	生活与劳动	学校研发

续　表

	课 程 名 称	课 程 类 型	课 程 来 源
周五	心理社	运动与健康	学校研发
	AI 社	科技与创意	学校研发
	蓝风电视台	科技与创意	学校研发
	风云社	科技与创意	学校研发
	民防社	生活与劳动	学校研发
	排球社	运动与健康	学校研发
	杰卡斯篮球社	运动与健康	学校研发
	手工社	生活与劳动	学校研发
	C-动漫社	人文与艺术	学校研发
	音韵合唱社	人文与艺术	学校研发
	子衿诗社	人文与艺术	学校研发
	上海闲话	人文与艺术	学校研发
	爱乐社	人文与艺术	学校研发
	Yoyo 球社	运动与健康	学校研发
	舞之韵舞蹈社	人文与艺术	学校研发
	MOOC 实验室	科技与创意	学校研发
	编程社	科技与创意	学校研发
	辩论社	人文与艺术	学校研发
	附校百科	人文与艺术	学校研发
	布丁演艺社	人文与艺术	学校研发
	飞镖社	运动与健康	学校研发
	乒搏社	运动与健康	学校研发

续　表

	课 程 名 称	课 程 类 型	课 程 来 源
周五	无人机社	科技与创意	学校研发
	足球社	运动与健康	学校研发
	篆刻社	人文与艺术	学校研发
	E创社	科技与创意	学校研发
	魅力青春	运动与健康	学校研发
	五子棋社	运动与健康	学校外聘
	大眼睛通讯(摄影)社	科技与创意	学校外聘
	创客社	科技与创意	学校外聘
	国际象棋社	运动与健康	学校外聘
	未来飞行器创科社	科技与创意	学校外聘
	故事荟萃	人文与艺术	学校外聘
	幻方社	科技与创意	学校外聘

（四）"多元化"课后服务课程评价

课后服务课程不同于其他课程，评价不能采取一份试卷、一次测试的终结性评价的方式，应当更加注重课后服务课程的过程性评价和表现性评价。学校用信息技术赋能过程性评价，用汇报、展演、比赛等形式开展表现性评价，进一步以评价提升课后服务课程的教育质量。

学校在校园网内专门建设了课后服务课程的管理和评价系统，及时记录学生课程学习过程中的收获，包括作品、课题报告、所获奖项等，并且课后服务课程的管理和评价系统与综合素质评价相关联，形成课程学习的过程性痕迹。例如，体育等课程应用学生个人画像，形成"一人一策"的"运动处方"，达成个性化的运动要求。

学校每学期期末都会开展课后服务期末展演的表现性评价，期末考试结束后的第一个工作日设定为课后服务专业团队（主要是体育、艺术、科技等）的展演日,上午彩排,下午展演。每一个专业团队都至少提供一个展演或互动节目。全校1—8年级学生和部分家长观看,所有观看的学生和家长对节目进行评价。展演不仅展示学生的课程收获,也成为课后服务课程协作、交流、共享和提高的平台。

五、课后服务课程资源的利用

（一）软硬件校内资源利用

学校秉持着融合中西方文化、建设充沛体艺科劳资源、保障学生主体地位和关注学段特殊需求四大理念,建设起一座有教育灵魂、软硬件并重的现代化学校。学校拥有"利学楼""利思楼""利人楼"和"利德楼"4幢教学楼,"达人剧场"和"星人剧场"2个剧场,1个红领巾电视台,"致雅书苑"和"趣童书馆"2个图书馆,亲子阅读漂流书屋1间。每个楼面创设"议空间""趣空间"和"方圆对话室",共计9个议空间、10个方圆对话室供学生开展各类学习活动;有7个电脑房、8个心理活动室、2个物理实验室、2个化学实验室、1个生物实验室和12个综合实验室,其中一个150平方米的综合理科实验室,配有一套先进的"德国2代"实验设备。此外,还有类型多样的艺术教室,如4个音乐室(含合唱排练室)、2个形体房、2个乐队排练房、4个美术室、2个美术专用室。学校体育运动场地和设施完备,有250米的运动场、100米跑道、3个标准的室内篮球馆、1个智能化交互式室内体育馆和1个七人制的足球场。课后服务课程有充沛的硬件资源,教师先进的教育教学理念为课后服务课程提供了扎实的软件资源支撑。

（二）"友好型"社区资源利用

充分利用家长、社会贤达等社会资源进行课程建设和实施,建成了多种多样的课程资源。江宁路街道作为文化积淀深厚的社区,率先推进"友好型"社区建设,与学校共建多种多样的课后服务课程。其中学校与街道合作开设的课程"江宁启航"是典型的代表,通过对同乐坊等历史建筑及园区的探访,结合《江宁启航任务手册》,小组合作设计文创作品,并撰写考察报告,以情景剧演绎等形式汇报交流,生动讲述历史建筑前世今生的故事,体悟城市的温度。学习过程中学生有的自发拍摄视频,有的主动到社区参观,还有的赋诗一首《江宁启航》。

六、课后服务课程的保障

（一）管理保障

1. 成立专门工作管理小组。建立学校信息化管理平台，进行发布、选课、统计、评价等管理；加强行政值班管理，进行检查、评价、反馈等，保障日常课程平稳、有序进行。

2. 不定期进行课后服务研修，解决实际问题，研修发展优化等规划问题，提升课后服务课程的教学质量。

3. 依据课后服务课程类别分别设置了组长、副组长等管理人员，每个类别可以单独进行组织，管理（研修、统计、报名），也可以全体进行集体研修、管理等。

（二）质量保障

学校以过程性评价、描述性评价、表现性评价等为主及时进行评价，使得课后服务课程质量不断提高，形成课后服务课程体系；建立网站，通过信息技术积累大量数据，形成学生个人画像，为学生课后服务选择课程、进一步学习提供保障。

（三）制度保障

学校建立课后服务课程的行政值班制度、运动会及期末展示制度、图书馆阅读自修管理制度、课后服务次数每月公示制度等，以保障课程服务课程的平稳有序、高质有效。

参考文献

［1］中共中央办公厅 国务院办公厅印发《关于进一步减轻义务教育阶段学生作业负担和校外培训负担的意见》[EB/OL].（2021 - 07 - 24）.http://www.moe.gov.cn/jyb_xxgk/moe_1777/moe_1778/202107/t20210724_546576.html.

［2］教育部关于做好中小学生课后服务工作的指导意见[EB/OL].（2017 - 03 - 02）.http://www.moe.gov.cn/srcsite/A06/s3325/201703/t20170304_298203.html.

［3］陈云,赵国权.目标定位、面临挑战及行动路向："双减"政策下的课后服务探索[J].成都师范学院学报,2022,38(6)：1 - 7.

"双新"引领教师基于教育神经科学打造高效课堂

上海市民办新黄浦实验学校　黄俊杰

摘要：教育神经科学作为一门新兴的交叉学科，逐渐受到学者和教师的关注。本文通过分析"双新"背景下教师面临的挑战，探讨了教育神经科学在教师专业发展中的应用及意义。为了推动教师专业发展，本文提出了包括组织培训、自学研读、研教结对、搭建平台等一系列实践措施，介绍了在前期实践中取得的系列成果，展望了教育神经科学在教师专业发展中的前景，强调了教育神经科学对教师知识结构和教学能力提升的重要性。

关键词："双新"　教育神经科学　认知发展规律　高效课堂

党的十八大以来，围绕教育强国的目标，国家出台了一系列重大方针政策，推出了一系列重大举措，推进了一系列重大工作，激发了教育蓬勃发展。2022 年 4 月，《义务教育课程方案和课程标准（2022 年版）》正式发布，要求坚持问题导向，遵循学生身心发展规律；坚持创新导向，强调推动育人方式变革，着力发展学生核心素养。"双新"立足世界教育改革前沿，描绘了中国未来十年乃至更长时间义务教育阶段学校的育人蓝图，其"新"的核心是"一种以学生为中心的教育观，强调立德树人，强调素养指向，强调让学习真正地发生"。对于一线教师来说，教学要从过去"基于经验"走向"基于实证"，要努力让课堂教学更加科学，更加高效。

随着科学技术的不断进步，越来越多的研究成果和技术手段被应用到教育领域，其中融神经科学、心理学和教育学于一体的教育神经科学的研究成果为打造高效课堂提供了新的思路和方法，引起了广泛关注。教育神经科学是一门新兴的交叉学科，旨在探究人类大脑神经活动的规律和机制，为学习者认知发展和学习活动提供有效证据，给予研究人员、教育工作者、教育管理者审视教育实践和教学行为的机会，帮助教育工作者更好地理解和改进教育方法和策略。探索教育神经科学如何作用于教师的日常教学,以及教育神经科学如何促进教师知识和能力的转型,对促进新时代教师专业发展、落实"双新"要求具有积极意义。

近年来,上海市民办新黄浦实验学校基于十多年"有效教学"的实践经验,探索教育神经科学如何作用于教师的日常教学,如何促进教师知识和能力的转型,进而打造高效课堂,落实"双新"要求,取得了阶段性的实践成果。

一、明确意义,激发教师理解教育神经科学的育人价值

(一)促进教师对学生学习神经机制的认识

基于"双新"背景,教师的教学行为亟须基于"学生"主体,从"习惯"走向专业,从经验走向"科学",这势必要求教师获得先进的教育技术和研究成果的加持。教育神经科学从神经科学的视角,解读了教育发生的机制和运行规律,可以帮助教师正确理解学习的机理,方便教师进行更高效的教学。

例如,教育评价中常常认为错误是消极的,但是教育神经科学发现,错误反而可以促进学习。研究人员发现,在被试发现自己犯错后,不管是固定型思维还是成长型思维的学生,其大脑活动会在犯错后的 150 毫秒—550 毫秒内有显著提升,成长型思维的学生大脑活动程度更高。这带给教师的启示是,一方面,教师应该在教学中设置挑战性的问题,让学生通过犯错来学习;另一方面,教师需要训练学生正确看待错误的能力,培养成长型思维,提升学生的学习成绩。

(二)促进教师对学生认知发展阶段的理解

由于学生仍旧处于成长期,很多认知功能相较成人没有发育完善,这意味着教师在教学前应当了解学生的认知发展规律,根据学生的认知情况进行针对性教学,避免使用成人的思维对学生进行培养教育,将学生正常的发展规律视为异常情况。

以学生阅读能力培养为例。目前的研究发现,儿童和成人在阅读时神经激活区域存在差异。12 岁以下的儿童在进行阅读时,负责语音感知以及编码脑区的激活程度高于成人;而成人在阅读时,负责处理文字以及语义信息脑区的活动程度则高于儿童。因此,小学教师在进行阅读教学的时候,应以语音教学为主,重点使用朗读的方法。

(三)促进教师对学生学习动机变化的反思

人类本质上是一种情绪性的动物。积极的情绪可以通过提升学生的学习动

机影响其后续的学习行为。当学生从学习中得到满足的时候,他们会拥有更高的内在动机,驱使他们在学习中表现得更好。

研究发现,在被意外奖励事件激发的脑区中,强化学习和负责回忆先前信息的脑区活动明显,这意味着发生在课堂的奖励事件能激发学生的内在动机,并激励学生记住自己之前的表现。由此可见,要让课堂从"以知识为中心"转到"以学生为中心",采用多种方式奖励学生是极其重要的。

二、学习先行,引领教师勇攀教育神经科学实践高地

教育神经科学是一个新兴的科学,为教师教育教学提供了新的视角和方法,有助于学生的学习和教师的发展,同时对教师的专业知识和技能也提出了更高的要求。

虽然在认识层面教师运用教育神经科学的思想发生转变,但如何将思想转化为有效的行动自觉,还需要从帮助教师如何运用教育神经科学改进教学与评价方面着力,因为教育神经科学本身对于教师的专业知识和技能要求较高。许多教师因先天的专业所限几乎没有教育神经科学相关的学习经历,且工作之后,他们也少有机会接触到这个领域。因此,必须通过学习与实操相结合,培训与实训相结合,切实帮助教师丰富这方面的专业知识,提升其实践技能。

(一)高端培训,引领教师走进教育神经科学

通过权威专家讲座、研讨会、案例研究等方式,教师能够了解大脑的结构和功能,以及它们是如何影响教育过程的。在培训过程中,教师积极参与到与专家的互动讨论中,积极的学习氛围极大地推动了教师的专业成长。教师不仅理解了教育神经科学的重要性,还明白了将教育神经科学应用到课堂教学中的必要性。他们开始逐步掌握如何结合教学实际选择研究方向和主题,如何查找和利用教育神经科学的证据,以及如何正确运用教育神经科学的理论和方法来提高教学效果。

(二)书籍阅读,激发研究教育神经科学热情

学校购买国内已经出版的教育神经科学研究成果系列丛书,鼓励教师研读与自己学科有关的、感兴趣的著作,了解最新的教育神经科学研究成果,开拓自己的教育视野,拓宽自己的知识储备,寻找到与自己教学实践相结合的研究落脚点,寻找到最适合自己和学生的教学方法,激发自己对教学的热情和创造力。学

校定期组织教师在教研组或全校范围内分享学习收获和体会,这不仅可以提高教师的学习积极性,也可以促进教师之间的交流和合作,共同提升教学质量。

(三)研教结对,助力教师克服学习研究难点

教育神经科学领域学习资料难度较高,大部分资料为英文版本,教师查找和阅读文献均存在困难。为此,学校组织了一支由高校教师和高校学生志愿者组成的助研团队。团队成员具备较高的学术水平和研究经验,能提供专业指导和支持,指导学校教师高效地查找相关文献,并利用软件准确地阅读和理解文献。同时,助研团队还定期举办教学设计研讨、案例分析和证据分享活动,共同探讨教育神经科学领域的前沿问题,分享最新的研究成果和教学方法,以促进教师之间的交流和学习。此外,助研团队还可以为学校教师提供个性化的指导和培训。根据每位教师的需求和水平,助研团队制定相应的学习计划,团队中的学生志愿者担任导师的角色,与学校教师进行一对一的交流和指导,解答他们在学习过程中遇到的问题。这样的研教结对模式,有效激发了教师对教育神经科学领域的兴趣和热情,推动了教育研究和实践的结合。

三、知行结合,探索实践基于教育神经科学的高效课堂

学习、研究教育神经科学的根本宗旨在于促进师生发展。我们以知行结合为基本路径,突破难点,深化实践,实现了教育神经科学向教学高效、师生发展的成功转化。基于教育神经科学的视角,对接"双新"课改的目标和要求,在"高效课堂"建设实践中,各学科聚焦某一研究主题,教师运用教育神经科学的原理和实践方法,在教学内容组织、教学情境创设、教学环节优化、教学评价与诊断等方面,积累了一定的经验,形成了部分可资借鉴和推广的成功案例,一方面促进了教师的专业成长,另一方面促发了教育方式的渐进式变革。

(一)梳理并形成教育神经科学应用正负面清单

教师通过持续的学习和研究,深入了解学生的学习神经机制,包括如何处理信息,如何记忆和理解新的知识,从而更有效地进行教学。在学习研究过程中,教师梳理并形成了一份神经科学应用正负面清单。这份清单详细列出了影响学生学习的各种因素,包括正确的元认知、有意注意等正面的因素,以及错误的联觉效应、过度强调课堂动作规范等负面的因素。每一条清单都详细列出了原理、应用维度和应用说明,这不仅为教师提供了一种全新的视角来看待课堂教学,也

为教师提供了一个更为直接和精准的方式来运用脑科学理论。

（二）形成基于教学神经科学的教学案例

学校教师在专家的指导下，深入研究了教育神经科学材料的种类，积极寻找适合的教育神经科学材料。他们从确定案例的题目和类型开始，逐步进行成文工作。目前，学校已经完成了近百份教学案例，这些案例涵盖了数据型、实例型和故事型等多种类型。通过案例的撰写、修改和完稿，教师不断反思和改进自己的教学方法，更加深刻地认识到自己在工作中的重点和难点。这不仅有助于教师的自我教育和专业成长，还为教育神经科学研究提供了宝贵的实践经验和理论依据。

例如二年级学生在书写字母时常出现"b""d"与"p""q"的混淆，这对英语学习不利。某位小学英语教师通过研究发现，这是由于大脑的对称性让初学者把互为镜像的字符等同起来，克服镜像恒常性的关键是充分激活颞叶视觉皮层的腹侧——视觉文字形成区，采用多系统协同的教学方式能对该区域产生积极影响，主要包括字母音形对应、强化书写、结合触觉等。在字母教学中，教师充分调动学生的视觉、运动、听觉和触觉系统，对视觉文字形成区进行协同激活，使学生逐步提高字母识别的准确率。教师用该方法开展一个学年的字母与单词教学后，学生的字母镜像混淆率从最初的 39.1％下降到 5.8％。

（三）教师的循证意识和实践能力显著进步

新课标的落地实施，需要教师们从过去的"基于经验"走向现在的"基于实证"，目前的培训提升了教师在求证、查找文献、撰写案例等方面的能力。在证据意识方面，教师已经能够更加敏锐地捕捉到研究问题中的关键证据，从而更好地支持自己的观点和教学实践；在求证敏感度方面，教师已经能够更加迅速地识别出研究和教学中可能存在的偏差和不足，并提出相应的改进措施；在查找文献方面，教师已经能够熟练地运用各种数据库和检索工具，快速找到与研究主题相关的文献资源；在撰写案例方面，教师已经能够将理论知识与实际教学相结合，编写出具有针对性和实用性的案例，这不仅有助于他们在教学中更好地引导学生，还为其他教师提供了宝贵的借鉴经验；在对新政策关注理解程度方面，教师已经能够紧跟政策导向，及时调整教学策略和方法，这有助于他们更好地适应教育改革的要求，为学生提供更为优质的教育资源。此外，在撰写教科研论文方面，围绕项目主题，结合学科特色，教师目前已经完成了多篇高水平论文，这些论文不仅为教学实践提供了有益的启示,也在学术界产生了一定影响,带动了整个学校的科研氛围,提升了学校的办学质量和社会声誉。

(四)交流教师从入门走向专业

学校教师不断成长,从"教书型"发展到"研究型",正在向"学术型"专家的目标前进。学校正积极地寻找各种可能的渠道,为教师搭建一个广阔的平台,让优秀的教师能够脱颖而出,提升并彰显他们的专业能力和影响力。先后有十多位教师受邀参加大城市教科院联盟学术年会暨脑科学与教育国际论坛、中国高等教育学会学习科学研究分会学术年会、华东师范大学教育神经科学研究中心"教育神经科学名师讲堂"等,教师分享案例设计撰写的经验,展示自己的研究和实践成果,扩大了教育神经科学研究领域的辐射面。

教育神经科学为学校教师的专业发展打开了一扇新的窗户,为落实新课标精准教学、激活学生学习兴趣、促进知识能力建构注入了新的活力,促进了学生成长和教师专业的新发展,并进一步增强了深入开展教育神经科学研究和实践应用的信心。学校将继续依托高校的专业支持,推进各学科的探索与运用,鼓励和引导一线教师不断学习和尝试,以设计教学和课例为突破口深化行动研究,开展基于教育神经科学的课程和教学,不断促进教师的专业成长,进而打造高效课堂。

参考文献

[1] 中华人民共和国教育部.义务教育课程方案(2022年版)[M].北京:北京师范大学出版社,2022:2.

[2] 付道明,华子荀.互联网大脑进化形态下的类脑泛在学习系统:教育神经科学的视角[J].远程教育杂志,2021,39(6):9-19.

[3] MOSER J S, SCHRODER H S, HEETER C, et al. Mind Your Errors: Evidence for a Neural Mechanism Linking Growth Mind-Set to Adaptive Posterror Adjustments[J]. Psychological Science, 2011, 22(12): 1484-1489.

[4] MARTIN A, SCHURZ M, KRONBICHLER M, et al. Reading in the Brain of Children and Adults: A Meta-Analysis of 40 Functional Magnetic Resonance Imaging Studies[J]. Human Brain Mapping, 2015, 36(5): 1963-1981.

［5］BAIK J H. Dopamine Signaling in Reward-Related Behaviors［J］. Frontiers in Neural Circuits，2013，7：152.

［6］Corballis M C. Mirror-Image Equivalence and Interhemispheric Mirror-Image Reversal［J］. Frontiers in Human Neuroscience，2018，12：140.

［7］Pegado F，Nakamura K，Cohen L，et al. Breaking the Symmetry：Mirror Discrimination for Single Letters but not for Pictures in the Visual Word Form Area［J］. Neuroimage，2011，55(2)：742－749.

［8］Caffarra S，Lizarazu M，Molinaro N，et al. Reading-Related Brain Changes in Audiovisual Processing：Cross-Sectional and Longitudinal MEG Evidence［J］. Journal of Neuroscience，2021，41(27)：5867－5875.

聚焦核心素养发展，
建构深度协同教研

上海市民办桃李园实验学校　李莉

摘要：教师的深度协同教研打破了传统教研活动的时空、主体、形式的边界。本文在分析深度协同教研的内涵与特征、重要性、实施策略的基础上，创设深度协同教研的实施路径，有利于促进教师专业发展，进而为教师核心素养的提升提供路径。

关键词：核心素养　深度协同教研

一、深度协同教研的内涵与特征

（一）深度协同教研的内涵

现代管理学认为，协同可以让系统整体效率最大化，也会给未来带来无限可能。深度协同教研实现了从教师个体到群体成长的跨越，与深度学习具有一定的相似性，与共同体建设密切相关。深度协同的教研有以下两个内涵。一是深度协同教研是真实性教研。深度协同教研以教师的真实性学习为基础，以达成教研活动目的为宗旨，以教师核心素养的提升为终极成长要求。每位教师以发现真问题、解决真问题为主，在群体学习活动中完成自我的提升，并形成不断学习和发展的能力。二是深度协同教研基于教研共同体建设。为高效解决教学问题，促进教师专业发展，学校管理者、教师、教研员、专家等组成了教研共同体，他们进行的探讨、交流、辩论、阐释等对话活动对促进教师集体智慧的发展具有重要意义。教师共同体与教研共同体的主体构成不同，教师共同体以实践层面的探索为主，对理论和政策的解读需要专家和教研员的支持；而教研共同体则是建立在教师共同体之上，从而形成的教师素养提升平台。

（二）深度协同教研的特征

1. 跨时空

深度协同教研要打破时间和空间的壁垒，在信息的流通中和信息技术的支持下实现教研价值的最大化。首先教学资源要能够动态、高效地共享，也就是要拥有丰富的资源以及高效的共享途径。数字化转型和网络学习空间是当前学校教育的重点工作，其中网络学习空间是面向教学的集成性虚拟平台，整合了丰富的教学资源，包括在线课程、教学设计、音视频文件等，这些教学资源是实现教师资源共享的物质基础之一。

2. 建构性

协同教研的一个重要理论基础就是建构主义。知识建构指的是在学习社区中，通过利用与其他学习者讨论、协商和分享等方式，实现社会性知识建构。在知识建构过程中，个体学习是集体知识发展的副产品，而群体学习及其知识发展才是知识建构的核心过程。个体知识建构是协同知识建构的副产品，是协同知识建构走向深层次的重要基础和保障，二者循环往复，彼此依赖和影响，共同构成了知识流动与创新的生态系统。深度协同教研与传统的教研活动不同，传统的教研活动中的观课、评课主要以教师个体的成长为关注点，缺乏对所有教师的平等关注。而深度协同教研以学习社区形式呈现，相互研究、相互探讨，最终达到共同学习和共同成长的目的。

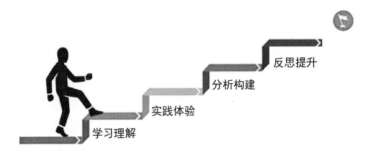

图1　教师个体建构

3. 同僚性

同僚性指在教研活动中的参与者都处于一个平等的地位，个性化需求得到充分的尊重，协同教研的参与者可以有教师、备课组长、教研组长、年级组长、教学管理部门、教研员、专家等。在传统的教研活动中，教师一般处于聆听者和被评判者的位置，专家、教研员、教学管理部门领导对教师提出指导性意见，这种不平等性很难驱动教师成长。深度协同教研强调参与者之间的平等性、共生性和互惠性。在协同教研中，教师以外的参与者是教师专业成长的助力者。在深度参与的过程中，专家可以利用自己的理论知识指导教师实践，并根据实践反证理论的适应性，从而进行更具有普适性的理论创新；教研员可以在第一时

图 2　教师协同建构

间了解学校教学活动中遇到的问题；学校管理者可以充分发挥组织协调功能，为教师提供必要的支持。在以课例研究为抓手的教师"同僚性"发展实践中，整个活动流程充分体现了教师的共同发展。

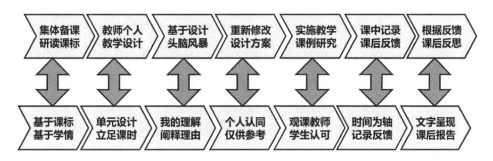

图 3　深度协同教研流程图

二、深度协同教研的重要性

核心素养时代的教师除了为人师表，具备教育责任感、关爱学生的能力外，还需要具备学习能力、教育反思能力、教育创新能力、教育观察能力、教育研究能力等专业发展能力，要构建教师的核心素养体系。习近平总书记提出的"四有好教师"和"四个领路人"是教师核心素养体系制定的指导思想和重要依据，教师专业标准是教师核心素养体系建构的基础。杨志成利用两个维度来架构中小学教师发展核心素养体系的维度，即必备品格和关键能力，将其分为四个领域来解读教师核心素养，并细化到基本要点。教师核心素养发展不仅是学生核心素养发展的保障，还为

教师专业发展提供新的理论依据,更对学校开展教研活动提出了更高的要求。

表1　中国中小学教师发展核心素养体系结构表

维　度	领　域	核心素养	基　本　要　点
必备品格	学生为本	了解学生	研究学生、关爱生命、重视健康
		遵循规律	尊重学生、尊重差异、循序渐进
	师德为先	奉献祖国	理想信念、家国情怀、为国育才
		道德情操	仁爱之心、高尚修养、热爱教育
关键能力	教书能力	扎实学识	学科底蕴、发展课程、跟踪前沿
		精益教学	规范常规、深入浅出、激励评价
	育人本领	立德树人	德育为首、锤炼品格、全程育人
		创新发展	创新思维、终身学习、注重实践

深度协同教研以提升教师核心素养为核心,从教师专业成长中遇到的问题出发,为每一位教师提供有效参与教研的途径。深度教研活动充分顾及教师个体特点和需求并强调真教研和真学习,充分发挥教师的主观能动性,在实现教师个体价值的基础上,进一步达成教师素养提升的目的。

三、深度协同教研的实施策略

（一）科研引领深度协同教研

教研活动以问题解决为目标,在问题解决过程中需要深化科研意识,在科研方法的支持下,解决教学或者教师成长中遇到的问题。问题意识引领下的深度协同教研才是真实性的教研。比如,"抄作业"现象是很多教师头疼的问题,其背后的原因既有共性的,也有个性化的。探寻现象背后的原因,采取有效的策略解决问题,这种问题意识与解决问题方法在科研的支持下,以深度协同教研的形式展开探索,必然达到效率最大化的目的。

（二）数字化信息技术支持深度协同教研

数字化转型是当今教育面临的重要课题,数字化是由信息化演变而来的,二者经常被放在一起成为数字化信息技术。在当今这样一个大数据时代，数字化信息技术为教师和教育管理者提供很多的数据支持，通过更多、更全面的数据分析，促进教师反思性的发展。网络学习空间中丰富的教学资源、虚拟社区等能够为网络协同教研提供专业的一体化平台，支持开展基于线上线下、校内校外的名师评课、课程研发、名师工作室等网络教研活动，是网络协同教研的新途径。

（三）建构主体多元化的教研共同体

教师是教研共同体中的主体，除了教师群体还应该有专家和学校管理者，有时也需要家长和学生的参与。在数字化技术不断成熟的背景下，网络平台实现了人与人之间的跨时空沟通，便捷的交流环境为多元主体的参与提供了可能。在教研共同体建构中，专家、教研员和学校管理者提供的必要支持是教师专业成长的重要保障。教师与其他教师之间的多向交互与协作，以及与教研员、专家的沟通和对话，以共同的目标和信念促使教研共同体构建，在协同解决实际教学问题过程中，全面发展教师专业知识与能力，提高教学质量。

（四）教师自我研修与深度协同教研相结合

教师自我研修是自我成长的重要途径，教师们的兴趣爱好和特长各不相同，如有的教师在语言学习方面能力突出，有的教师擅长营造课堂教学氛围，有的教师擅长从文化视角解读语言教学……在深度协同教研的过程中，教师的自我研修体现在对教学资源的学习、整理、反思和个体建构方面。在深度协同教研中可以充分发挥教师的个性化优势，为教师提供自我成长的平台，助力教师核心素养的培养。

四、深度协同教研的实施路径

深度协同教研的实施路径可以按照教研前、教研中和教研后的时间顺序开展，详见图4。

（一）教研前：深度协同教研设计

教研活动开展前，是教师协同学习阶段。具体来说，以教师个体学习和教师共同体的互动为主，展开对课堂教学的探索，比如教师个人备课与备课组集体备课相结合，解读课标，研读教参和教材，分析学情，利用资源平台和个人资源展开教学设计和学习任务设计。在备课过程中，同备课组之间的教师会产生问题的

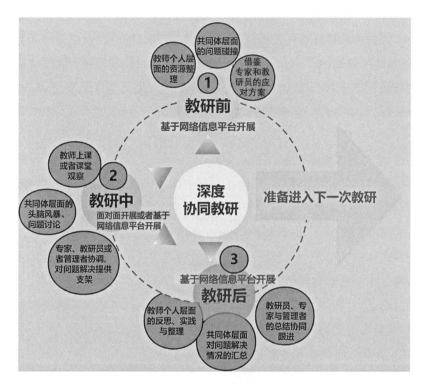

图4 深度协同教研实施路径展示图

碰撞,新老教师关于教学难点的呈现方式有所不同,老教师会提供给新教师在以往教学中的经验支持,新教师可能更关注学生的学情和学习需求,新老教师观点的碰撞和融合,能帮助攻克课堂教学中的难题。教师之间共同学习、交流和碰撞,有利于探寻解决问题的具体方法。

专家和教研员以及管理者不再是评价者、提出建议者,而是以陪伴、支持和适当引导为主。当教师遇到困难时,专家和教研员可以提供理论上的建议,或者实操性的策略。当教师遇到的问题共性明显时,教学管理者即可确定教研主题,展开深度协同教研活动。与此同时,专家和教研员可以提前为教研活动准备一些方案,以便搭建教师学习支架,如借助网络平台,开展学习交流活动;借助数字化资源包,为教师提供个体学习和集体备课的信息支撑。

(二)教研中:课堂观察与问题解决

1.“焦点学生学习历程与关键事件分析”观课方法

传统教研活动关注教师的“教”,执教者站在讲台前上课,观课者坐在教室的后排，看到的是学生的后脑勺。对于学生学习情况的把握，往往依赖于师生课堂中的对话。深度协同教研以学生的"学"为中心，课堂上关注学生的学习情况。观课者坐在学生的身边，借助"焦点学生学习历程与关键事件分析"的方法，记录学生在课堂中的点滴表现并梳理分析出关键事件，如学生的真实学习有没有发生？是如何发生的？学生的心理安全否？学生的学习是不是顺畅，为什么？观课者在课堂上观察学生的学习情况，有利于教师了解学生真实学情，思考学生的学习规律和学习逻辑等，这不仅为教师自我成长积累反思素材，也为任课教师提供改进教学设计的依据。

2. 深度协同教研活动的开展

基于教研共同体的组建，开展深度协同教研。观课者可以先梳理关键事件，在小组内分享观察到的学生的真实学习情况，按照"关键事件—反思教学—改进方案"的步骤来进行梳理。小组成员分享，可以通过课堂上的观察，反思自己教学中的问题，并提出改进方案。不同的观课者的视角不同，有的是用"飞鸟视野"，侧重观察课堂教学全局；有的是"蜻蜓之眼"，侧重观察执教者和学生之间的教学活动；有的是"蚂蚁之眼"，侧重观察学生的学习，或者是课堂中真实的教师细节。观课者的分享给了执教者很多课堂上教师教学和学生学习的证据链。执教者在倾听观课者的发言时，能进行反思和改进，在执教者产生困惑并需要专家予以专业支持时，专家和教研员可以尝试给执教者提供学习支架和反思角度。同时，教学管理者不仅起到协调和帮助的作用，还可以为激发教师专业发展内驱力提供系统支持，如针对性培训、丰富的资源支持以及决策性支持等。

（三）教研后：跟踪、反思与协调

在深度协同教研结束后，教师根据自己的所思所得对教学资源包进行补充、整理。教师共同体层面可以对教研活动中生成的问题解决方案进行汇总，并在教学实践过程中对问题解决的策略进行梳理，形成实践性、阶段性的小成果。专家、教研员对教研后的跟踪也很关键，教师通过实践梳理出的策略和成果，是对理论性知识的应用，是一种实践性的检验，对理论的深化起到反哺的作用。教学管理者在教研活动结束后，要从学习伙伴的角度，促进教研活动后续价值的生成。在教研共同体协同共进的过程中，教学中的问题得到解决，还未解决的问题为下一次教研活动提供了研究主题。

参考文献

［1］国家中长期教育改革和发展规划纲要(2010—2020 年)［N］.人民日报,2010 - 07 - 30(13).

［2］关于全面深化新时代教师队伍建设改革的意见［N］.人民日报,2018 - 02 - 01(12).

［3］陈玲,张俊,汪晓凤,等.面向知识建构的教师区域网络协同备课模式研究——一项基于学习元平台的实践探索［J］.教师教育研究,2013,25(6):60 - 67.

［4］林书兵,徐晓东.致力于多样化教学的网络协作教研思考与分析［J］.中国电化教育,2013(9):65 - 71＋88.

［5］杨志成.中国中小学教师发展核心素养体系建构研究［J］.教师发展研究,2017,1(1):44 - 49.

［6］陈静静.揭开学习的奥秘:焦点学生学习历程的观察与分析［J］.教育科学,2020,36(3):52 - 57.

基于"主动·有效"课堂的教育故事开发的学校行动

上海世外教育附属崇明区汇明学校　蒋东升

摘要：教育故事以教师岗位成长中所遇到的实践难题为求索对象，以自己曾对此问题解决的探索行动为主要内容，以生动的语言叙述问题解决的过程。学校致力于将教育故事的开发作为提升教师科研能力的抓手，形成了"骨干先行，全面跟进"的故事开发程序，健全了以教育故事为主题的校本研修的内容、目标、过程的设计及保障，推动了学校教学与科研工作的整体发展，实现了教师在"主动·有效"课堂中教育教学实践的智慧成长。

关键词：主动·有效　教育故事　学校行动

一、基于"主动·有效"课堂的教育故事开发的必要性

（一）打造"主动·有效"课堂是区域积极推进课堂变革的需要

课堂不变，学生永远不变！崇明区教育局推进第一轮"主动·有效"课堂时明确要求，各基层学校要转变课堂中的教与学方式，充分发挥学生的主体性与主动性，唤醒和培育人的主体精神，促进学生对学习更有兴趣、更有方法，更能学以致用，从而实现有效果、有效率、有效益的课堂教学样态。基于此，崇明区教育局 2013 年发布了《崇明县中小学实施"主动·有效"课堂指导意见》（以下简称《指导意见》），进一步明确了"上好每一堂课""教好每一个学生"的目标追求，并围绕教学五环节提出了具体的实施要求与建议，为基层教师的课堂改变提供了具体的路径和方法。2015 年，崇明区教育局以"助力教师实践智慧生长"为目标，以解决问题为导向，促进教师实践智慧生成，全面提升教育教学质量的《崇明区"十三五"教师"人人讲故事"行动方案》正式启动，旨在激活教师深度参与"主动·有效"课堂教学实践的主动作为、有所作为的职业意识与行动。

（二）倡导教育故事的研究范式是教师探索"主动·有效"课堂的现实路径

教育科研是促进教师专业成长的有效途径之一，这是一个不争的事实。但以往所开展的教育科研要求太高，教师望而却步。教师不是专业的教学理论研究工作者，而是教学实践工作者，教育故事要符合教师的教学方式和发展需求，它不仅仅是对解决问题的描述，还是用教学理论诠释教学过程的智慧体现。以故事研究的姿态聚焦"主动·有效"课堂，能激发教师捕捉教学实践中的问题，投入解决问题的学习之路，不断将教育理论的内化显现为有效的行动，以反思的方式形成特有的"主动·有效"课堂中的实践智慧，实现传统型课堂向现代课堂的转变，为达成"教好每一个学生"的目标提供坚实的保障。

（三）教育故事开发的学校行动是教师提升"主动·有效"课堂的有效载体

要提升教育教学质量就需要提升教师专业发展水平；要提升教师专业发展水平就需要提升教师的研究意识与研究能力，让教师成为一个真正的研究者；要使教师成为一个真正的研究者就需要学校找准有效载体，开展切实行动，让广大教师参与其中。教育故事开发的学校行动，一是能形成研究"主动·有效"课堂的生态，为形成校本化的"课堂革命"环境打基础；二是能使教师用研究的眼光聚焦自己的课堂教学实践，用反思的手段梳理课堂教学的得失，从中积累教育故事的素材，促进每一个教师拥有自己的教育故事，为推进"主动·有效"课堂工程提供校本化的经验；三是能激励教师创造高质量的教育故事。针对教师群体中高质量教育故事比例不高的现状，学校首先鼓励教师精心设计课堂教学，体现理论指导实践的高度；其次，搭建人人讲故事的平台，体现参与的广度；再次，制造撰写者与专家面对面的机会，体现研究的深度。多管齐下，产生了许多高质量教育故事，为区级层面教育故事的组织、发动与提升提供了实践启示。

二、实践过程

（一）摸准教师开发"主动·有效"课堂教育故事的现状

本研究通过日常调研与访谈观察，对教师开发"主动·有效"课堂教育故事的现状展开调查，主要发现两个问题。

一是教师初步具备了"主动·有效"课堂的理念与意识，但行动力缺乏。我校在第一轮"主动·有效"课堂达标工程创建中深入学习《指导意见》，根据要求与实施建议围绕教学五环节进行了探索性的课堂变革，"实现每个学生的主动发展""为主动学而教"的理念和思想已根植教师群体。但在日常课堂观察和对话中我们发现,教师教学习惯与行为转变比较慢,主动学的课堂氛围没有形成,其根本原因是教师缺乏主动变革的信心和决心,学校管理上缺乏促使课堂变革的有力抓手和有效制度。

二是教师无法形成有价值的"主动·有效"课堂的教育故事。教师虽然知道"教育故事"是教育研究的一种方式,但对于如何选材及撰写比较模糊。教师对于故事研究的认识仅仅停留在事件的呈现,对如何选取有价值的事件、呈现内容的可读性、挖掘事件背后的成因等存在较多的盲点。在被问及故事中的经验和做法是否有被他人借鉴的价值时,教师们都觉得没有多大的价值;在被问及指向"主动·有效"课堂教学五环节或是与其相关的问题时,教师们更是变得无言可叙。

（二）开发"主动·有效"课堂教育故事

1. "主动·有效"课堂教育故事选择与表述的基本原则

（1）教育故事题材的典型性原则

教育故事在研究范式上比较宽松,强调内容的故事性,以个人反思为要旨,对于跃升到理论层面的要求较低。为避免教师选择故事题材的盲目性,我们结合区域推进的"主动·有效"课堂项目,围绕打造主动学的课堂,聚焦实践问题,对解决问题的做法与结果进行分析,厘清产生效果的关键事件,以此作为典型性的教育故事题材。

（2）教育故事叙述的科学性原则

教育故事作为一种研究范式,需要超越故事文学体裁的写作要求。一个教育故事至少隐含三个部分。一是问题导向,主要交代这个故事要解决什么样的问题。二是情境再现,主要叙述问题的解决过程和问题解决的效果。三是分析与反思,主要叙述问题得以解决的理论依据、实践智慧的亮点、给人的启示以及故事中不够完善的地方。

（3）教育故事内容的生动性原则

好的教育故事一定要能打动人、吸引人和启发人。教育故事可以以生动的语言再现问题的解决过程,增强故事的现场视觉感;以细腻的心理刻画展示解决问题时的复杂性,展示事件发生的矛盾冲突;以深入浅出的理论分析,凸显实践智慧的亮点及故事结局的合理性。

（4）教育故事结果的启发性原则

作为多因多果的教学实践过程，有一部分教学知识与经验不能以论文或研究报告的形式表述出来，从而导致这部分隐形的知识无法被记录和传播。教育故事的叙事性特征能将解决问题过程中的情境完整保留，因此在完整记录事件的同时要寻找问题产生的根源并将问题解决的实践智慧上升到理论层面，即问题解决的科学依据和理论支撑是什么，给他人以启发。

2."主动·有效"课堂教育故事开发的基本程序

（1）全员培训，统一思想

我校以"主动·有效"课堂教育故事开发为抓手，对全体教师开展《指导意见》的再学习和《"人人讲故事"行动方案》的培训。以教研组为单位对《指导意见》中的指导思想与目标、教学五环节的实施要求等开展讨论学习，对标日常教学寻差距、找原因、谋改变；邀请教育学院专家解读《"人人讲故事"行动方案》，明确背后的学理依据和行动价值，形成聚焦"主动·有效"课堂、教师主动发展带动学校整体变革的良好局面。

（2）方法引领，有序推进

① 案例学习，帮助教师形成教育故事的基本概念。为帮助教师更好地了解什么是教育故事，我们邀请区教育学院专家给教师进行了案例讲解，刘主任将《做一条主动闯入的鲇鱼》作为案例进行了深入浅出的剖析，让教师对于教育故事的表现手法和研究特征有了基本的了解。此外，我们向教师提供一线教师撰写的教育故事。通过不同案例的学习，教师知道了好的教育故事要有好的视角以及实践智慧中蕴含的某种哲理。

② 提供模板，给予教师教育故事创作的基本框架。为了让教师掌握具体的撰写故事的方法，我们向教师提供了"标题＋三个板块（问题导向、情境再现、分析与反思）"的模板，并对如何使用该模板进行了指导。对"标题"的要求是具有吸引力和指向性；"问题导向"中的问题来自"主动·有效"课堂的实践，问题具有典型性并能引起共鸣；"情境再现"要对事件的描述具体生动不拖沓，重点描述问题是如何被解决的；"分析与反思"要对解决问题的关键方法进行学理分析，对他人形成可借鉴的实践智慧。

③ 骨干先行，带动全体教师参与教育故事的创作。在推进"主动·有效"课堂教育故事开发的初期，我们将骨干教师汇集起来，利用故事模板先行撰写，学

校教科室精心指导,创作出了《民主的数学课堂》《用爱心点亮学生的求知之路》《小菲变了》等一批较高质量的教育故事。我们将这些故事作为案例发到每个教师手中,再将骨干教师分插到各教研组。在骨干教师的引领下,教师寻求解决"主动·有效"课堂教学问题的积极性增强了,学校逐渐形成了创作优质"主动·有效"课堂教育故事的良好氛围。

④ 专家指导,提升教师开发教育故事的能力与故事品质。学校在推进两轮"主动·有效"课堂教育故事开发并形成一定数量的故事后,遴选了一批题材更具典型性、事件发展更为曲折、实践智慧更为凸显的教育故事,邀请教育学院的专家和故事创作者进行面对面的交流与指导,进一步提升教师把握问题核心的方法,梳理问题解决中的关键做法,提炼实践智慧的亮点。在专家们的指导下,《芳草眠思待雨萌》《改变,然后改变》《在阅读中践悟成长》《特别的爱给特别的你》等故事先后在 2017、2018 年度的崇明区教育故事比赛中获奖。

(3) 任务驱动,人人参与

为了让每一个教师都能参与到教育故事的创作中来,学校将此项活动纳入校本研修。为提高教师及时发现问题的意识、解决问题的主动性和反思教学行为的有效性,学校在"主动·有效"课堂达标工程中精心设计集体备课、教学实践、观评课、主题研讨等活动,并对教师课后的自我反思、观课议课的数量与质量提出了具体要求,倒逼教师学会与自己对话、与他人对话、与理论对话,研究自己和他人的问题,梳理自己及他人的实践智慧,从而形成有言有语、真实生动、富有价值的"主动·有效"课堂教育故事。

3. "主动·有效"课堂教育故事开发的基本策略

(1) 基于区域项目整合的推进策略

指向问题解决的"主动·有效"课堂教育故事,倒逼教师对标《指导意见》发现和解决课堂教学中的问题;倒逼教师养成教学反思的习惯,边教边发现问题边寻求解决的方法。区域推进的"主动·有效"课堂和"人人讲故事"是学校的两大项目,我们聚焦项目的价值内核,发挥项目的协同功能,合力推动课堂转型、提质增效、师资发展等多维度办学品质的提升。

(2) 基于聚焦故事主题的开发策略

教育故事以教师岗位成长中所遇到的实践难题为求索对象,以自己曾对此问题解决的探索行动为主要内容,以生动的语言叙述问题解决的过程。因此,为了让教师有方向、有重点地发现和解决问题,我们聚焦"主动·有效"课堂中的痛点和难点,帮助教师在问题求解的过程中不断学习和成长,主动转变教学行为,让"主动学而教"的实践智慧得以生成。

（3）基于校情的分步实施策略

学校作为一所九年一贯制的农村小规模学校,教师的基本素养和自我发展意愿等都存在明显差异,同时缺少学科和科研方面的领军人物。面对现状,我们积极挖掘骨干教师的力量,以抱团前行的方式先行对教育故事的开发进行探索,再基于教师善于模仿学习的特点逐步形成全员参与的局面。其中,骨干团队对于教育故事开发的破冰至关重要,大家对于如何发现有价值的问题、如何突出问题解决的智慧亮点进行了重点攻关,形成教育故事开发的经验向一线教师辐射。

（4）基于激励的机制保障策略

学校不仅将教师"主动·有效"课堂教育故事开发的参与和获奖情况与个人绩效、职称评定、岗位晋升、骨干评选、优秀教研组评选等挂钩,还将写得好的教育故事推荐给《崇明教育》等杂志发表。此外,我们还利用校园网络、画廊等平台加大活动宣传的力度,提振教师开发教育故事的信心和勇气。

4．"主动·有效"课堂教育故事开发的保障

（1）制定"三说三聚"的"主动·有效"课堂教研制度

为促进教师对"主动·有效"课堂实践中的问题深度思考,我们建立了"三说三聚"的课堂教研制度。"三说"指教师在组内围绕以下三点说课：一说教学目标制定的依据,即学习终点的确定以教材资源（教材、教参、教学基本要求等）和学生资源综合分析为基础；二说采用了何种教学行为或方式实现"学习点"的突破；三说哪些方法手段支撑了"主动·有效"课堂目标的实现,哪些还需改进。"三聚"指组内研讨聚焦三个点：一聚目标是否适切及达成效果；二聚过程设计对目标达成的作用；三聚优化教学的意见与建议。

（2）建立"找—创—研—讲"分层分步的教育故事开发制度

为让不同能力的教师都能加入教育故事中,我们制定了"分层分步"教育故事开发机制。对年龄较大且科研意识较弱的教师提出了"找"好的教育故事,以"找"来学习他人智慧；对中青年和骨干教师提出"创"教育故事,以"创"来提升解决教学实践问题的能力；对学校教科室提出"研"教育故事,站在"研"的角度点亮故事中的实践智慧,指导和帮助教师寻找教学行为与结果之间的理论依据。

"讲"指将形成的好的故事向全体教师传讲,以"讲"来扩大故事的应用价值,激发教师开发优秀教育故事的热情。

(3)实施系统化的教育故事评价机制

结合我校教育故事聚焦"主动·有效"课堂的特点,我们对不同类型的教育故事(自我成长故事、助人成长故事、师德故事、有效课堂故事、生态故事、课程改革故事、志愿者故事、教学质量故事等)赋予差异化的分值,突出以"主动·有效"课堂为主题的实践问题的思考与解决,结合区域层面的教育故事评价表对教师开发的故事进行评比。学校每学年开展"教师讲故事比赛",通过网络、板报、广播等多途径宣传优秀的教育故事获奖者和在讲故事比赛中的获胜者,与此同时,分别予以绩效奖励,提高教师开发教育故事的积极性。

三、成效与思考

(一)实践成效

1. 教师解决教学实践问题的能力得以生长

教育故事的形成过程是研究的过程,更是自主学习的过程,其间经历的问题提炼、过程描述、学理揭示等都需要教师去学习和研究。近两年,在形成一定数量教育故事的基础上,有5位教师在区教育故事评比中获奖。在我校融合性推进"主动·有效"课堂和"人人讲故事"两大项目的过程中,教师聚焦课堂实践问题的意识明显增加。从教师撰写的各类反思来看,原来他们只会对现象进行记录描述,现在能透过现象找问题了;原来缺乏问题成因的分析,现在能透过现象发现问题的本质了;解决问题的方法和路径变得鲜活灵动起来。

2. "为主动学而教"的课堂特征逐渐显现

教师解决"主动·有效"课堂实践问题的意识增强,对于改进课堂教学五环节有了更深入和细致的思考,催生了教学行为的转变。在日常巡课、课堂调研中我们发现,小组合作教学模式得以加强。教师在课前以预习与问题单的形式让学生带着疑问进课堂,课中以精准而富有启迪的评价鼓励学生参与课堂,课后作业设计从知识的机械操练向迁移应用转变。课堂教学效益明显提升,教学质量逐年稳步提升,学校获得2019年度教学质量和年度考核优良奖,这对边远地区的农村学校(特殊家庭背景的学生占35%)来说是一件很不容易的事情。

3. 校本研修由有规范走向有品质

教师发展不能没有研究,研究不能片面地等同于课堂研究,教育故事是一种实实在在的基于解决教育教学实践问题的研究。学校将教育故事作为校本研修的主要方式,规范教研与科研的活动范式,以"三聚三说"的教研模式引导教师开展主题性教研活动,教师参与研讨的行为得以规范,研讨的质量得以保证,实践智慧的火花不断迸发,为教育故事的开发积累了鲜活的实践案例与素材,激活了"找—创—研—讲"的教育故事开发的校本研修过程,点燃了教师实践"主动·有效"课堂的热情。

(二) 发展思考

两年的项目行动研究带动了教师在"主动·有效"课堂中教学行为的变化,但由于受传统的教学理念的影响较深,课堂中还存在着教师不敢放手让学生主动去学,教师对于课堂教学内容的把控还不够熟练,教学手段和方法比较陈旧,学生在课堂上被动思考或是假思考的现象。基于此,我校将以生活问题情境为课堂教学变革的着力点,加快国家课程校本化实施的实践与探索,加强各类课程的建设,丰富学生的学习经历,不断提升学校"主动·有效"课堂的课程领导力。

虽然我们开发并积累了一些"主动·有效"课堂背景下的教育故事,但故事存在着可读性、传讲性不强的情况,主要表现为实践智慧的亮点不够突出、描述不够生动、学理依据牵强等。因此,在后续的实践中我校将以讲座、研讨、竞赛等形式多样的自主研修方式加强教师对教育教学理论的学习,拓宽教育故事开发的题材,丰富"三乐学校教育故事会"的故事类型和内容,让教师的实践智慧得以分享和传讲。

参考文献

[1] 丁钢.教育叙事研究的方法论[J].全球教育展望,2008(3):52-59.

[2] 宋林飞.教研故事:助力教师三个好习惯的养成[J].现代教学,2017(19):4.

[3] 宋林飞.浸润于教研故事中感悟成长[J].现代教学,2016(5):31-32.

[4] 顾志平.浸润于教研故事中拔节成长[J].现代教学,2019(17):67-68.

教学评一致性视域下课堂教学改进的学校行动

上海戏剧学院附属静安学校　吴沈刚

摘要：学校依照《义务教育课程方案和课程标准（2022 年版）》，不断进行课堂教学的完善、优化和改进行动。本文基于教学评一致性的视域，从行动缘起、行动实践、行动反思和行动展望等方面进行了尝试和实践，初步开展了课堂教学改进的学校行动。

关键词：教学评一致性　课堂教学改进　学校行动

一、引言

随着《义务教育课程方案和课程标准（2022 年版）》的颁布和实施，新时代学校课堂教学应该要向着更好地开展教与学和指向目标的评价活动不断努力。因此，在新课标的引领下，以教学评一致性相关理论为指引，开展课堂教学改进，这是当下基层学校的一项重要工作。

"教"指教师根据教学目标开展的教学活动；"学"指学生围绕学习目标展开的学习活动；"评"是围绕教学（学习）目标，从教师和学生自身两个维度，对学生学习目标完成程度的评判。教学评一致性指教师的教、学生的学以及在学习过程中的评价，与教学（学习）目标的匹配程度。匹配程度越高，表明教师的教学质量越高，学生的学习效果越好。

本文尝试以教学评一致性相关理论为基础，以核心素养为导向，提出九年一贯制学校相关改进行动。

二、行动缘起

（一）基于课堂教学现状的现实需求

1. 教、学、评一致的理念还未深入人心

部分教师教学观念陈旧，教学方式往往满堂灌、填鸭式，缺乏对学生基础思维的培育，更不要说高阶思维。教师普遍感到讲得累，学生不愿听，课堂教学低效。教师常抱怨："我在课堂上都已经讲过了，而且反复强调过了，学生就是无法掌握，练习考试不理想，我也没有办法。"最后，为了提高成绩，学生反复刷题，机械操练。

2. 教、学、评三者还存在比较明显的分离现象

学校管理者在和教师交流、听课、巡课或教学研讨活动中，经常会发现许多教师课堂教学目标不清晰，教学活动没有服务于课堂教学目标，没有真正意义上培养学生的核心素养。

教学评一致性要求教师必须具备一定的教育理论知识和教学技能，并将其运用于初中教学，帮助教师明确教学方向与任务，引导教师整合教学知识、组织课堂形式、评估学习成果，进而提高课堂教学效率。

（二）基于核心素养提升的发展方向

1. 教育改革背景的挑战

党的二十大报告明确提出：坚持以人民为中心发展教育，加快建设高质量教育体系，发展素质教育，促进教育公平。早在 2003 年，《教育部关于积极推进中小学评价与考试制度改革的通知》印发，国家层面上开始真正关注评价变革。2013 年，教育部印发的《关于推进中小学教育质量综合评价改革的意见》提出，要建立健全中小学教育质量评价体系。2020 年，中共中央、国务院印发了纲领性文件《深化新时代教育评价改革总体方案》，明确学校作为教育的主阵地，是落实教育评价改革的主体。

2. 课程标准的实施

褚宏启教授在介绍义务教育课程方案和课程标准修订情况的发布会上说："全面推进基于核心素养的考试评价，建立有序进阶、可测可评的学业质量标准，强化考试评价与课程标准、教学的一致性，促进'教学评'有机衔接。"

（三）基于文献理论参照的研究基础

1. 教学评一致性的国内研究

以知网为文献检索资源库，以教学评一致性为关键词进行检索，共搜

得197篇文献,对文献进行整理发现,关于教学评一致性的研究从2010年起呈不断上升趋势,研究主要聚焦在"教学设计""核心素养"等方面。

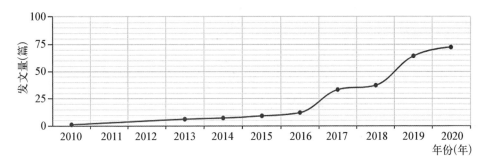

图1　教学评一致性研究趋势图

同时,国内崔允漷、夏雪梅教授提出"教学评三要素结构模型",教学的教、学习的学以及对教与学的评价构成一个稳定的三角形整体,具有高度相关性。

2. 教学评一致性的国外研究

科恩(Cohen)最早提出"教学一致性"概念。"史密斯-泰勒报告"认为,评价必须建立在清晰地陈述目标的基础上,根据目标来评价教育效果,促进目标的实现。澳大利亚心理学家约翰·斯韦勒(John Sweller)提出认知负荷理论,根据教、学、评三要素,变教学目标为学习目标,变教材内容为学习内容,评价围绕两大目标展开,通过关联认知负荷达到高度一致性。

相关研究主要以个别教师的几节课或某个单元教学的案例分析为主,几乎都是单一学科的实践研究,很少从学校层面开展各学科的整体研究。同时,现有教学评一致性研究关注课堂教学改进的研究较少,更缺少从学校层面体现"教学评一致性"课堂教学改进的行动研究。因此,本研究开展指向教学评一致性的课堂教学改进的学校行动,具有一定创新价值,能够为学校教与学改革和教学质量提升等方面提供一套可操作、可复制的课堂教学改进方案。

三、行动实践

大量的实践研究表明,教学评一致性是实现有效教学的关键。基于此,本校结合九年一贯制学校的特点和学情,开展了一些初步实践和改进行动,寻求可能的突破路径,为教师实践教学评一致性打开新的视窗。

（一）建立工作机制，成立保障机制

学校做好顶层设计，成立以校长为组长的课堂教学改进领导小组，以分管校长为组长的推进工作小组；出台《学校课堂教学改进工作实施方案》，负责对学校课堂教学改进工作的规划、协调、督查和保障等。

（二）通过深度学习，推进行动改进

开展市、区、校不同层面的专家讲座、市区教研员培训、校级教研组学习分享和备课组交流展示活动，对新课标深度学习，转变教师观念，引领教师开展课堂教学改进行动。学校通过机制保障和深度学习，为各学科教研组结合各学科特点开展实践研究提供准备。

（三）立足实践研究，探索行动路径

学校各学科教研组，通过对新课程标准的深度学习之后，以教学评一致性、教练考一体化等为思考点和出发点，开展有益的尝试和实践，形成初步经验。

1. 以细化目标为主线，建立教学目标的联结点

教学目标的制定是解决教师"教什么""教到什么程度"的问题，是解决学生"学习什么""学到什么程度"的问题，而这些问题的确定需要基于《义务教育课程标准（2022年版）》、教材特点和学生情况。我们把课程目标细化为年级目标、单元目标和每堂课的课时目标后，再把课时目标细分，设计3—5个课时分目标。将每节40分钟的课时划分成3—5个教学时段，每个时间段聚焦一个目标，即围绕目标1，进行教学1和评价1，获取学情，推断三分之二的学生达成目标后，然后围绕目标2，进行教学2和评价2……依此类推，教学、学习、评价共享着同一个目标，分小步，明环节，抓落实。

以八年级第二学期《特殊的平行四边形》第一课时为例，将课时分割为两个单元，第一单元为矩形和菱形，第二单元为正方形。第一单元共设置三个课时，第一课时学习矩形、菱形的概念，探究矩形、菱形的性质；第二课时运用矩形、菱形的性质定理解决简单的几何问题；第三课时探索矩形、菱形的判定方法，并初步学会它们的运用。

2. 以"三问"为依托，建立教学环节的着力点

（1）一问：把学生带到哪里

清晰的目标是教学评一致性的前提。开展大单元设计专题研究，制定清晰的单元目标和课时目标。

（2）二问：怎样把学生带到那里

丰富的活动是教学评一致性的保障。围绕学科核心素养设计问题链、学习体验活动，引导学生走向深度学习。

（3）三问：如何确定已经把学生带到了那里

科学的评价是教学评一致性的关键，通过师生共同完成活动评价量表可达到此目的。

3. 以"教对""学会""评准"为中心，建立教学设计的融合点

教师从学生出发，思考设计怎样的学习活动把学生带到目的地，解决如何学的问题，其中以"教对""学会""评准"为主线。

"教对"即知识教正确。精准确定学习目标，通过展示目标引导学习。"学会"即学生听懂、练会。课堂教学从原来关注的教什么、怎么教、教得怎样，以教师为主导，转换为学生学什么、怎么学、学得怎样，以学生为主体。"评准"即评价促学，使考得正确，素养有提高。评价任务必须按照学习任务分步实施，镶嵌在学习任务之后，即评价促学。

以语文学科八年级第二学期《朝花夕拾》名著阅读教学为例，精准定位学习目标，并通过任务单设计教学活动，评价内容与学习内容相匹配。

表1　八年级第二学期《朝花夕拾》名著阅读教学评价量表

评价内容	能力要求与分值		评价方式		
	评　价　细　则	分值	组内评	小组评	教师评
信息认知	1. 事件信息概括基本完整（概括六要素）	4			
	2. 准确把握单篇文章中的核心事件	5			
	3. 把握鲁迅成长中的关键转折	5			
	4. 设计的示意图简洁明了，人物关系一目了然	5			
阅读方法迁移	能根据时间维度对10篇散文进行分类	6			
自主探究	1. 提出的疑难问题富有见解	5			
	2. 能够运用一定的工具自主查找资料解决问题	10			

教学评价考察的是学生是否达成学习目标,评价贯穿课堂始终,评估学生真实的学习状况,根据学情调整教学起点、教学进度,改变教学方式、教学策略,形成课堂有效对话,在关键学习活动处,设计评价性量表。

4. 以学习资源为支架,撬动教学行动的生长点

根据学校九年一贯制的学制特点,结合小学学段和初中学段不同要求和需要,充分依托市教委提供的"三个助手"网络平台有效资源,学习借鉴市级、区域的相关实践和研究成果。通过开展研究目标设计、评价设计、活动设计的相关原理与技术的学习,让教师依靠有效学习资源,开展教学与配套的评价活动,让教师掌握该教什么,如何操作,理解为什么这样做,逐步实现课堂教学模式的有效转变。

四、行动反思

学校针对自身校情和学情开展的教学评一致性课堂教学改进的初步实践,也取得一定的成效。经过一学年实践,学校组织了专题网络调查,我们发现:(1)课堂的落实和有效评价的跟进是实施的困难之处;(2)面临升学压力,加上部分教师教学评一致性意识不够,阻碍了改进行动的推进。为此,要进一步深化改进行动。

(一)整体建议

1. 引入专业力量

通过聘请区域专家,引入专业力量,把脉问诊,中小学联动,找准学校存在的问题,提供专业技术支撑,制定规划,有序推进改进行动。

2. 变革教师理念

有效开展课堂教学改进行动,实现学校教育教学深度变革,关键在于有效转变教师的理念。根据不同要求,继续开展市、区、校各层面深度学习和专项培训,请进来,走出去,学习新课标精神,重构教研文化,转变教学理念,优化教学行为。

(二)改进思路

1. 引领式提升

分层、分类、分岗开展"课例研讨""单元整体设计""小学主题式综合实践"等专题讲座,根据九年一贯制学校特点,中小学联动,中学带动小学,帮助教师理解相关概念体系,结合优秀案例,内化知识,提升教育素养。

2. 浸润式修炼

通过学习活动,全方位促进中小学教师进行专业阅读,加深对课程标准、核心素养、大概念、大单元整合等专业知识的理解。

3. 伴随式指导

邀请市级、区域学科教研员以及优秀教师参与学校"师带徒",比如中学部优秀教师带教小学部教师,以促进小学部教师成长。通过示范展示、听课评课等伴随式指导,切实促进教师的发展,矫正课堂教学行为,改变课堂教学生态。

4. 常态化研修

开展中小学联动的教研互助,通过主题式、问题式、沙龙式、课题式、项目式的校本研修,打造学校教研文化新生态,撬动教研的转型升级,提升校本教研品质。

5. 自主化实践

引导教师进行教学反思,在学中做,在做中学。在备课、磨课中领悟教学,通过对阶段成果的提炼,不断提升教学评一致性的课堂教学改进行为。

五、行动展望

对每一所学校来说,课堂教学不断改进和优化永远在路上。教师将继续前行,思考如何开展指向核心素养提升的教学评一致性课堂教学改进研究,不断提升教师的课程执行力。作为校长,我们应该顺势而为,根据九年一贯制学校的特点,通过主题式、专项化的课堂教学改进行动计划,进一步推动成熟教师课堂教学变革,带动青年教师课堂教学研究,撬动学校整体教育教学的转型!

主要参考文献

[1] Alejandro Tiana, José Moya, Florencio Luengo. Implementing Key Competences in Basic Education: Reflections on Curriculum Design and Development in Spain [J]. European Journal of Education, 2011, 5(1): 4-16.

[2] 钟启泉.核心素养的核心在哪里——核心素养研究的构图[N].中国教育报,2015-04-01(7).

[3] 岳辉,和学新.学科素养研究的进展、问题及展望[J].教育科学研究,2016(1): 52-59.

［4］钟启泉.学科教学的发展及其课题：把握"学科素养"的一个视角[J].全球教育展望,2017,46(1)：11－23＋46.

［5］徐瑾劼.反馈对上海教师教学改进的影响——基于对 TALIS 2018 数据的分析[J].全球教育展望,2020,49(8)：106－116.

［6］崔允漷,夏雪梅."教—学—评一致性"：意义与含义[J].中小学管理,2013(1)：4－6.

［7］(美) 拉尔夫·泰勒.课程与教学的基本原理[M].施良方,译.北京：人民教育出版社,1994：2.

第四章 　德育篇：以德为先　育人情深

优化九年一贯制学校德育生态的实践探索

上海市闵行区纪王学校　祝庆

摘要： 本研究秉承"理论适度先行"的叶澜"教育理论—实践观"，对学校德育、学科育人活动进行融通重组。学校融合校本特色，确立了德育总目标，架构了"融·和"的学校德育课程体系，形成了以自然四季为特色的"德育日历"；以班级活动、年级主题活动、跨学科综合活动、家校社三位一体活动融通德育实践路径，探索评价改革，形成了常态化实施管理框架，在个人与集体融合、学段贯通、学历融通、生活经历汇通过程中形成育人合力，建构校园德育新生态。

关键词： 德育生态　德育日历　校园四季活动

一、引言

"生命·实践"教育学的创建者叶澜教授说："教育要实现育人的功能，要关注学生的自我认识、自我建构和寻找自己的人生发展道路。"要从教育中找回生命价值，必须要在课堂、在班级、在校园生活中激发学生的潜能和自我意识。校园生活是多主体、多维度、多层面的，不是孤立存在的，是突破时空限制的，是一种综合交错的活动网络。但在实际的学校育人过程中我们不难发现，学校有整体的育人目标，基础性课程有基础性课程的育人目标，校本课程有校本课程的育人目标，学校的德育活动有德育活动的育人目标，学校各项育人工作均在各自的系统中按照学科和德育两个方面开展，从而导致学生知行割裂。为此，我校打造以"人"为中心，与自然、社会环境和谐共生的校园德育生态，实施校园"四季"活动，坚持"知、行、思"合一，提升学科育人价值，让学生在潜移默化中接受教育，提升德育实效。

二、顶层思考与设计

（一）理念先行，形成价值共识

1."融通"是学校德育生态创新与优化的基本路径

《中小学德育工作指南》中提出："为深入贯彻落实立德树人根本任务，加强对中小学德育工作的指导，切实将党和国家关于中小学德育工作的要求落细落小落实，着力构建方向正确、内容完善、学段衔接、载体丰富、常态开展的德育工作体系，大力促进德育工作专业化、规范化、实效化，努力形成全员育人、全程育人、全方位育人的德育工作格局。"依据学生道德成长的规律，德育工作要整合学生生活资源，实现人与人、人与环境融合的教育理念，优化德育的自然生态，关注自然与人的和谐相处；优化德育的社会生态，满足学生道德成长的内心需求；优化德育的心理生态，培养学生积极的健康心理；优化德育的文化生态，全面融入社会主义核心价值观体系。通过多种激励性手段，建立成长共同体，让无形的思想教育变成有形的行为培养，互相取长补短，共同成长。为此，我校立足学生生活，聚焦德育目标，通力协作，健全机制，融通育人，以形成"融·和"的教育生态。其中"融"即融合、融通，从"五育并举"走向"五育融合"，改变、创新、重构"各育"实施路径和方法，不断提升"各育"之间的关联度；"和"是和谐美好，是同心协力将德育显性课程和隐性课程有机融合，以寻求良好德育生态的有效路径。

2."活动"是学校德育生态更新和发展的基本载体

实现生态德育目标的途径和方法可谓不胜枚举，但活动育人是最自然有效的方法。在当代中国学校德育的重建过程中，叶澜教授所创建的"生命·实践"教育学始终坚持扎根本土教育、立足现实，以班级建设为核心领域，创造出岗位建设、干部轮换、主题教育活动等多种德育形态，筹划和组织形式多样的校园活动，如体育节、艺术节、读书节、科技节等，为学校德育改革注入新的活力。为保障活动育人常态运行，我校多方合力，创建了优化德育生态的育人机制，统筹资源配置，构建了全员育人机制、学科协同育人机制、家校社一体化育人机制，从校级层面组建研究团队，打破层级垂直管理的现状，打破教育与教学分部管理的现状，基于学生的真实生活，梳理不同学段的育人目标，形成年段化学生发展的德育目标体系，探寻学段交叉管理、项目化推进等改革实践，进一步优化德育生态。

（二）整体架构，融合校本特色

《礼记·中庸》有云："万物并育而不相害，道并行而不相悖，小德川流，大德敦化，此天地之所以为大也。"天地之大，在于其能包容、孕生万物，教育生存于天地之间，应效法"万物并育"之德，悦纳每个生命，让每个生命获得最大可能的发展。为实现愿景，我校以办学理念"修德励学，融和发展"为基础，从政治认同、国家意识、文化认同、公民意识四个维度，从人与自然、人与社会、人与自我三类主题，建构具有融通性、整体性、互动性、共生性特征的"德育日历"教育实践，依托知、行、思的活动模式，在日常每件小事、每个细节中感受真善美的熏陶，以事育人，成事成人，追求师生共生共长、自然而然的教育新生态（见图1）。

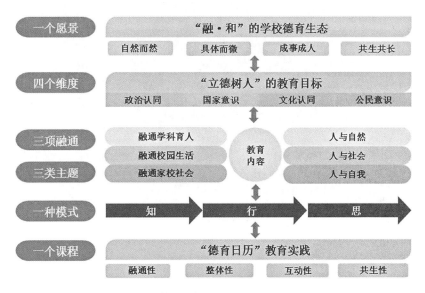

图1 "融·和"德育生态的顶层设计

（三）举措创新，激发变革活力

学校德育活动是蕴藏在每一个平凡的日子里的，无论从自然变化、万物生长的节律，还是从继承传统的维度，四季的节律都适宜成为整合学校综合育人活动的系统框架，实现学生生命成长节律和学校生活节律的合拍。我校依据九年一贯制学校各阶段学生的年龄特点，创制"德育日历"，建构九年一贯制学校德育图谱，探索九年一贯制学校德育内容体系、德育实施路径以及相应评价研究的经验策略，重构校园新生活，努力探索融通课堂内外、学校内外的相关教育主体，激发师生活力。

"德育日历"图谱是立足学生发展,为传承和弘扬中华优秀传统文化、革命文化和社会主义先进文化,以传统节日和纪念日为起点,融通学科德育,融通校园生活,融通家庭、学校、社会的联系,实现学生知行合一,落实立德树人的学校德育活动图谱(见图2)。

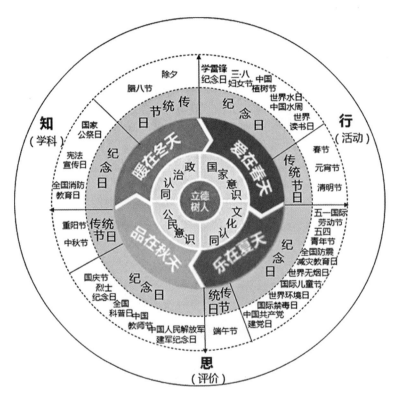

图2 "德育日历"图谱

通过学科教学、主题教育、班级管理、社会实践、学生评价等多种途径有序开展德育教育活动,促进学生品格养成,落实学校德育目标,同心协力将德育显性课程和隐性课程有机融合,深度挖掘学科育人价值。

三、行动路径探寻与优化

"德育日历"通过亲身体验进行学习,积累和丰富真情实感,展开具有系列性、融通性以及人文性的"校园四季"系列活动策划,积极创造校园新生活,创设融通性、整体性、互动性、共生性的德育生态,使学生的成长更具生命气息。

（一）融通实践路径

1.“一班一品”建设，归还班级空间

叶澜教授说过，教师的魅力在于创造。我们要把创造还给教师，让教育充满智慧挑战。“一班一品”建设就是将班级建设的主动权还给班级，还给班主任，还给学生。为此，我校根据学生成长需求、教师学科特长，努力创建“一班一品”班级特色文化。

学校的教育要满足学生的发展需求，通过教育让学生认识自我、发展自我，最终实现自我。班级建设要立足学生，以学生发展需求为出发点，挖掘身边资源，创建班级文化，助力学生成长。班主任是班级的主心骨、掌舵人，发挥班主任智慧，是提高德育工作实效的有效措施。我校鼓励班主任在坚持“学生立场”的同时，结合自己的学科教学优势、个性特长、兴趣爱好等多个因素，创建一个属于自己和全体学生的班级特色文化品牌，既为学生的成长提供合适的教育空间，又实现班主任的自我价值。

2. 年级主题活动开展，激发学生活力

成功的校园活动犹如生活中的浪花、记忆中的亮点，在学生的生命发展历程中留下鲜明的痕迹，在关键时期还可能成为学生发展阶段转换的敏锐触发点。年级主题活动也应以满足学生的成长需要为前提，结合学生学段学科知识体系，提升活动中学生实践体验的深度和广度，从而更好地在年级活动中创设适切的活动情境，供学生选择与实践，以此来满足学生交往的需要、发展自我和实现自我的需要。

几年来，我校将研究学生现状作为活动开发的起点。首先，依据不同年段特点设计不同内容的德育活动，如一年级和六年级关注的是行为规范，二年级、四年级、七年级关注的是传统美德，九年级关注的是理想信念教育，等等。其次，活动设计由点状到系列化，以核心主题贯穿年级活动，在一个更加长程有序的结构中实现系统规划。例如，学校组织开展的“爱在春天·感恩季”活动，确定了不同年段的“四爱”主题：三年级、七年级为“爱自己”，一年级、六年级为“爱父母”，二年级、四年级为“爱自然”，五年级、八年级为“爱社会”。活动设计不仅联结母亲节、植树节、立春节气、社会热点等，还融通学科教学内容。二年级“爱自然”主题活动基于二年级自然学科“种子发芽”知识基础设计“豆芽种植活动”，六年级“爱父母”主题活动基于劳技学科设计“我为妈妈编手链活动”，基于科学学科设计

"我为妈妈制作手工润唇膏活动"等,这些活动都被赋予了丰富的教育意义。由此,每个活动不再是一个点到即止的呈现方式,而是不断生成的动态开放结构、螺旋上升结构。在这个过程中师生的体验、创造、发展形成合力,推动了不同年段学生的发展。

3. 跨学科融合,提升育人价值

教育家杜威曾说:"教育即生活。"课堂教学本身就是生活,一堂好课就是一段生活,一段教师和学生情感交流、智慧互动的生命历程。融通学科教学不仅指用形象化的手段表达,还指使知识与学生的生活世界、已有的知识经验联系起来,并让它们生成知识之树,实现学科与学科之间的融合发展。例如,我校"品在秋天·跨学科活动季"之三年级组"但愿人长久"活动,就是以语文课文教材为起点,融通语文学科和音乐学科,结合情境,欣赏美丽的秋景,感受秋天童话般的迷人,通过学生吟诵表演相关诗句,感受古人借月抒怀的文化情感,传承古韵文化。再如,"品秋季"活动之四年级组"秋叶小探究"活动,就是由一片树叶引发的一系列探究,融通自然学科、信息学科与数学学科,引导学生经历"发现问题—提出问题—设想方案—解决问题—收获感悟"的探索过程。"品秋季"综合实践活动区别于常规活动,实现了多元融通的特点,它是学生现实生活与学校学习的有效融合,是学生核心素养与学科育人价值的有效融合,是教师与教师、教师与学生、学生与学生关系的有效融合,这对管理者、教师和学生都是一种新的尝试与变革。

4. 特色课程共享,提升教育合力

学校、社区、家庭一体化有助于提高教育效果。为此,我校利用特色场馆"陶乐坊"开设了二至四年级的亲子陶艺课程,参加学习的学生由一位家长陪同,亲子共同学习陶艺技能,共同完成陶艺作品。亲子互动学习,提升了学生的审美、动手操作能力,同时增进了亲子关系,丰富了社区文化生活。此外,我校开设的"陶乐"特色少年宫不仅向全区的青少年开放,作为上海市创意手工体验联盟华漕基地,还面向社会开放,在全方位关注学生生命成长的过程中加强学校与社区的联动。与此同时,学校还将陶艺特色课程在社区内共享,并合作参与了社区内的戏剧课程和创新课程。总之,学校将特色课程的优质资源引入社区,实现家校融通、校校融通、社校融通,并挖掘社区优质资源,反哺学校,通过特色课程的开放,提升学校教育社会满意度,创造教育新生态。

（二）探索评价改革

《深化新时代教育评价改革总体方案》中提到，教育评价改革以破"五唯"为导向，在五育并举、融合发展教育改革实践中，改进结果评价，强化过程评价，探索增值评价，健全综合评价。美国评估大师斯塔弗尔比姆（Stufflebeam）说过："评价最重要的意图不是为了证明，而是为了改进。"因此，发挥德育评价的激励功能也是优化德育生态的一个重要内容。为此，我校探索基于数据技术，以关注学生行为、态度为主体的学生数字画像；探索线上线下融合，改革学校的德育评价机制，发挥评价的教育、导向功能，保障学生良好德行的形成。

1. 建构校本三级评价指标

根据《中国学生发展核心素养》的培养目标指向，结合"勤、强、礼、信"的校训，我校形成了评价体系的顶层架构。整个架构分成"勤学、自强、守礼、自信"四个模块，融合了学科学习要求、《中小学生日常行为规范》培养要求、校本礼仪规范要求、学校德育主题活动、少先队争章活动等。每个模块设定不同的评价内容，分别从学科学习、道德品质、礼仪规范、活动表现四个维度，通过过程性的记录，综合评价学生的成长形态，形成校本化的评价体系。德育评价由校长室直接领衔，由学生发展中心主要负责，分层开展工作，通过顶层架构、技术合作、组织培训、采集数据、数字画像、评价反馈等路径，逐步推进评价实施。

2. 创新日常评价形式

在评价方式上，除了常见的教师对学生德行进行即时评价、书面评价外，我校选用了校园智慧平台"智慧评价"系统，实施积分制评价，即用手机即时评价。将手机评价的创新形式与传统课堂卡片评价相结合，要求学生将奖励卡片带回家中，家长只需用 App 软件扫描奖励卡片背面的二维码，学生获得的评价数据就会以积分的形式被记录下来。这种评价方式，一方面，使过程评价在信息技术的支撑下得以强化，形成数据库，清晰地记录学生的成长足迹；另一方面，家长通过参与评价记录，得到及时反馈，共同经历孩子的成长，有助于提升家校合力。这种积分评价以教育为主导，互联网为媒介，通过大数据跟踪记录学生学习的全过程，感知和获取学生数据，通过对数据的记录、分析、报告与分享，生成学生完整的数字画像，使得教育评价更具准确性、科学性、实用性和发展性。"智慧评价"平台基于对学生评价数据的采集、分析和处理，每周会形成各级报告：校长报告、年级报告、班级报告以及个人报告。信息平台的数据分析，直观地呈现了学生成长的轨迹,让不同层面的教师和家长更为全面客观地了解学生,从而真正做到因人施教。

实践证明,基于数据采集的信息技术的评价体系全面记录了学生真实的校园生活,实现了淡化应试性评价、结果性评价,增强发展性评价、激励性评价的目的。同时,数据分析优化原有的经验,让学生在学习生活和校园生活中更出彩。

四、成效与反思

我校在实践中重视增强德育设计一体化和德育实践融合性的策略、方法、制度、措施的研究,尤其是在此过程中既重视深层次上一般规律的探索,又重视操作层面上显示具有学校个别特征、教师个别特征、学生个别特征等个别规律的总结,这对推动学校德育构建走向科学化、整体化、儿童化,学校德育实践走向系统化、操作化、生活化具有重要价值。

与此同时,德育生态的优化还需要建立德育生态评价体系,需要进一步明晰评价维度,完善评价指标的导向功能,这样也许会使学校德育活动的设计与实施更为科学合理,会使学校德育活动产生更大的综合效能,促进学生的成长。

参考文献

［1］叶澜.溯源开来:寻回现代教育丢失的自然之维——《回归突破:"生命·实践"教育学论纲》续研究之二(上编·其一)[J].教育发展研究,2018,38(2):1-13.

［2］叶澜."新基础教育"内生力的深度解读[J].人民教育,2016(Z1):33-42.

［3］李政涛.叶澜"教育理论—实践观"对教育学及实践哲学的双重贡献[J].中国教育科学(中英文),2021,4(5):10-26.

［4］庞庆举.综合活动领域的四季系列探索与创生——来自"新基础教育"四季系列活动的改革研究[J].现代教学,2019(Z4):28-32.

［5］庞庆举.论"新基础教育"综合活动的独特性[J].全球教育展望,2023,52(3):87-95.

求真启善 德美交融 以美立人

——九年一贯制学校整体构建"和煦德育"课程体系的实践研究

上海市三新学校　张爱国

摘要： 三新学校立足美育教育思想，整体构建分层递进、有机衔接的"和煦德育"课程体系。优化校园环境建设，凸显"以美立人"德美一体的主题；立足和乐课堂教学，创设"德美交融"意境；加强家校社资源整合，形成以美育人合力。"和煦德育"课程体系的构建、实施，全面促进了学生核心素养的培育。

关键词： 以美立人　整体构建　"和煦德育"课程

三新学校在"和美教育"核心理念下提出了整体构建序列化、层次性的"和煦德育"课程体系的设想。"和煦德育"是指通过营造良好的德育环境及开展有益的德育活动，并在此过程中不断"欣赏、善待和发展每个人"，使学生潜移默化地感受到如阳光春风般的品行教育的育人途径。它是一种充满理解、管放结合的无痕教育。

一、立足美育教育思想，整体构建分层递进、有机衔接的"和煦德育"课程体系

"和煦德育"旨在汲取美育"以美育人"的思想，在学校的教育中"以优美的环境陶冶人，以规范的管理培育人，以多彩的活动教育人"，引导学生在快乐学习与成长中，发现美、欣赏美、体验美、创造美。以九年义务教育为时间跨度，确定"和煦德育"的目标与内容，不断优化校园环境建设，凸显"以美立人"主题；立足和乐课堂教学，创设"德美交融"意境；挖掘教材德育资源，推进立德树人；加强三位一体教育，形成以美立人合力；构建和煦德育管理与评价体系，促进学生健康成长。

第一,确定"和煦德育"九年的目标与内容,构建适合三新学校培养目标的,符合小学初中特点、学生年龄心理发展特点的层次性的育人体系。在此基础上,以九年义务教育为时间跨度,梳理和整合出符合学生各阶段身心发展特征的、符合规律序列的"和煦德育"课程体系,探索分年级评价内容和标准。

第二,在"和煦德育"课程建设中,学校注重以"学生经验"的获得为课程设计的出发点,对德育实践活动进行系统化设计。以学生自己的活动为经验获得的手段,在获得经验的具体方式上,强调在学生的活动中,通过"做"来完成,把德育学科课程和实践课程结合起来,科学合理地构建校本德育课程体系。

第三,将学生的德育目标和内容具体化为"五美"德育课程,分学段设置具体教育目标和内容。在安排德育活动的过程中,我们倾向于开发实施生命之美、校园之美、乡土之美、家国之美、自然之美的"五美"德育课程,通过策划和组织一系列在主题上相近、形式上多样的德育活动,对学生的道德知识储备、道德思维能力和道德行为能力进行全面的提升。

表1 "五美"德育课程具体内容及学段目标

"五美"德育课程	具体内容	学 段 目 标		
		一、二年级	三、四、五年级	六、七、八、九年级
生命之美	安全教育课程	识险避险	遵章守则	自护救护,保护生命
	心理健康课程	适应环境	自信友善	积极乐观,热爱生命
	修身系列课程	文明礼貌	尊重他人	谦和有礼,善待生命
校园之美	环境之美	认识校园	描绘校园美景	维护校园整洁卫生
	温馨教室	尊敬师长	为班级出力	热爱集体,争得荣誉
	伙伴相助	团结同学	友爱同学	关心他人,乐于助人
	四大节庆(读书节、科技节、艺术节、体育节)	参与活动,感受成长	参与活动,赢得自信	参与活动,绽放个性
乡土之美	人物篇	参观学习,了解先贤	了解先贤,勤奋学习	敬重先贤,努力成才

"五美"德育课程	具体内容	学 段 目 标		
		一、二年级	三、四、五年级	六、七、八、九年级
乡土之美	物产篇	学会欣赏丝网版画	以顾绣文化及工艺了解松江特点	以四鳃鲈鱼项目了解松江历史、松江文化
	遗址篇	能说出松江著名遗址	了解松江文化遗址的历史	走进遗址,感受松江千年历史文化
家国之美	"我爱我家"系列	热爱家庭,尊重父母	了解自家及姓氏的来历;尊重父母	懂得家庭责任,立志努力学习,回报家人
	"民族精神"教育	会唱国歌,明确身份	了解祖国历史,增强民族自尊心	了解祖国历史,以国为荣,具有国家意识
	"走近国防"课程	能够分辨防空警报	学会防空疏散技能	了解军人生活,培养国防意识,立志保卫国家
自然之美	科技探究项目	培养动手能力	用研究的眼光看自然	辩证看待自然与发展,懂得环境保护的责任
	社会实践活动	学会欣赏自然景物	在自然界中寻找快乐	
	环境保护课程	节约,懂得垃圾分类	形成保护意识,从身边小事做起	身体力行,宣传环保,为环保出力

二、优化校园环境建设,凸显"以美育人"德美一体的主题

以德美一体为宗旨,以育人为核心,在校园环境的整体设计中,体现美育构建。学校坐落于松江新城区内,毗邻泰晤士小镇,占地 90 亩,建筑面积 24 498 m²,环境幽雅,设施一流。以行政楼为中心,南北对称,呈条状分布,从高空俯瞰,就像钢琴键盘,错落有致,富有韵律。小学楼、中学楼、图书电子楼、实验楼、生活区由连廊连接,庭院相配,造型别致,环境宜人。学校绿化面积 20 518 m²,庭院内茂林修竹,绿草如茵,是学生学习的花园、成长的乐园,更是师生读书尚学、修身立志的现代书院。

学校主体建筑呈现英伦风情,漫步校园,枝头小鸟啁啾,湖畔秋虫低吟,墙角青藤缠绕。学校小操场改建成运动场和篮球场,为师生提供体育运动的场所,红

色的跑道映衬着绿色的树木，让校园更是生机勃发、绿意盎然、催人奋进。

厅廊建设德美一体，洋溢文化气息。学校注重厅廊建设，以洋溢文化气息为中心，精心布置，努力打造"校园十景"：德馨楼、艺美厅、博雅轩等充满个性和睿智的"厅廊雅名景"；宽敞明亮的底楼正厅，两侧展板张贴了孩子们的书画作品、学校重大演出、竞赛活动精彩瞬间的照片，经常吸引无数师生、家长在此驻足欣赏，这里被大家亲切地称为"群星风采墙"；正厅中央，一座蔡元培雕像巍然伫立，清瘦的脸庞、棱角分明的眉宇、厚重的镜片仿佛时时向路人诠释着"大美育"思想的内涵，这里被誉为"校园之魂"。

班级创建富有特点，追求个性发展。学校将"垃圾不落地"作为学生的养成重点，每周一中午学校开展全校卫生打扫，全员参与，全员动手。我们的教室，干干净净；我们的座椅，整整齐齐；我们的窗户，透透亮亮；我们的地面，一尘不染。一进入教室，就能看见教室两旁张贴的学生创作的优秀书画作品，温馨悦目，这是"风采之窗"；教室后面开设植物角，花花草草，郁郁葱葱，生机勃勃，十分养眼，这是孩子们的"生态花园"。同时，各个班级以"班级特色文化润德，特色文化化人"为理念，在班级铭牌中亮出班级的口号，晒出班级的照片，凝心聚力，使学生乐于接受，并逐步走向规范，终身受益。有的班级以读书为目标，建设书香班级；有的班级以绿色为目标，教室里摆满花花草草；有的班级以书法为目标，教室成为学生的展厅；有的班主任喜欢街舞，可以引导学生学习街舞，领会街舞包含的积极向上、追求卓越的精神内涵，创建街舞特色班。

三、立足和乐课堂教学，创设"德美交融"意境

学校将美育思想渗透于各科教学中，创建美育拓展型课程，构建以五大艺术课程为核心的美育综合课程框架；成立五大学生社团，星光音乐社、阳光健身社、涂涂创作社、启梦文学社、智达科学社；每年举办四大主题文化节，三月丝竹声声读书节、五月榴花飘香体育节、六月梦想放飞科技节、十月美苑心声艺术节。

（一）挖掘教材德育元素，激发学生美好情感

所有学科教师牢固树立德育意识，以教材为内容，以课堂为阵地，认真钻研教材，分析和挖掘教材中的德育元素，做到每堂课都能有德育的侧重点，把课堂教学的三维目标真正落实。不仅仅是艺术学科要挖掘德育元素，我们认为，所有学科都要能够基于学科的特点，提高学科育人的实效性，数学之严谨思维、语文

之人文情怀、英语之国际视野、体育之坚毅品质……学科的魅力让学生感受到美的感染和熏陶,培养了学生优良的品质。

(二)整合"五美"德育课程,培育学生综合素养

整合现有的一切教育资源,包括学科教学、美育综合课程、四大主题文化节、中华传统礼仪教育、行为规范教育、午会课、社会实践、社团活动、校园文化等资源,探索构建具有开放特征的"新德育"体系,努力实现德育活动效益的最大化。开发美育拓展课程,丰盈学生精神世界。

构建以五大艺术课程为核心的美育综合课程框架,主要包括表演艺术课程(少儿形体、少儿舞蹈、街舞、少儿声乐、乐海畅游、鼓乐飞扬、键盘基础),造型艺术课程(儿童画、动漫创想、趣味陶艺、儿童丝网版画、书法),语言艺术课程(Story Bar、美丽英语、小导游、小记者、七彩童话),综合艺术课程(儿童剧、影视配音、打击乐),实用艺术课程(多媒体制作、电脑艺术设计、数码摄影)。采取必修课和选修课、长短课程相结合的课程形式,给学生提供多元化的课程,使学生能根据自己的兴趣,选择适合自己发展的课程,发展强项智能,转化弱项智能,全面发展,张扬个性。

1. "生命之美"德育课程

以安全教育为起点,让学生学习基本的安全知识和技能,进一步了解"规则"对于生命的守护意义,包括交通安全校本课程、食品卫生教育、预防毒品教育、预防艾滋病教育、《上海市中小学生公共安全行为指南》等。在此基础上,外延生命的内涵,包括个人的心理健康、对环境的适应能力等。小学部以午会课集体广播为主,以人际交往、心理秘密等为主题开展心理教育;初中部六年级以适应新的集体为主题、七年级以低自我接纳心理辅导为主题、八年级以青春期的烦恼为主题、九年级以理想励志和考试焦虑为主题开展心理教育。修身系列旨在提高学生的个体修养,一年级到九年级的培养目标分别为礼、勤、信、仁、恒、孝、谦、雅、达。

2. "校园之美"德育课程

"校园之美"德育课程旨在引导学生发现身边的美、生活的美。环境之美让校园美景成为学生欣赏的对象、创作的对象,身临其境,让学生成为美的守护者。温馨教室以班级为单位,营造师生之间、生生之间的和谐关系,从教室硬件建设到软件提升,从学生适应班级到完善自我、发展自我。四大节庆(三月丝竹声声读书节、五月榴花飘香体育节、六月梦想放飞科技节、十月美苑心声艺术节)是学

生成长的平台,展示的舞台。学生在活动中发现生活的美,感受人生的美,创造鲜活的美。

3．"乡土之美"德育课程

松江堪称"上海之根",有着悠久的历史文化底蕴,是乡土教育的现有财富。课程从人物篇、物产篇、遗址篇三个部分贯穿学生的学习生活。人物篇从黄道婆、董其昌、陆机、陆云等先贤入手,了解他们的高尚情操和历史功绩,激励学生勤奋学习,努力成才。物产篇分学段进行,一、二年级学生从丝网版画开始,认识丝网版画与农民画的关系;三、四、五年级学生学习顾绣文化及工艺,部分有兴趣的学生参加顾绣社团;初中学生以松江四鳃鲈鱼为对象,从历史文化、生态环保、科技创新等多角度开展研究。

4．"家国之美"德育课程

有国才有家,有家先有国。"我爱我家"系列从家庭着手,培养学生对家庭的感恩之心,并化为行动,包括给父母制作生日贺卡、给父母写一封信、陪父母散一次步、同走父母上班路等。"民族精神"教育是学校德育的重点工作,以每年九月份的民族精神教育月为契机,融合爱国主义教育,了解中华民族的优秀文化和责任担当,包括班级唱红歌比赛、抗战故事表演、红军老战士宣讲、参观金山卫抗战遗址纪念园等形式。"走近国防"课程在学生了解家国关系的基础上激发其忧患意识,除了常规的国防知识学习外,五年级学生赴武警中队参观军营生活,感受军人作风;六、九年级学生以军事训练营的形式体验军人生活,培养军人纪律;七年级学生开展国防教育课程,每学期2个课时,由华东政法大学国防生执教;八年级学生赴五厍基地开展生命教育。

5．"自然之美"德育课程

我校自2012年加盟成为"上海市野生动物保护教育特色学校"后,致力于学生的生态保护教育,在科技探究项目中引导学生对自然进行探索,形成生态保护的系列课程和活动,有"拯救鲨鱼""拯救野猪"等活动。这些活动在促进青少年关爱自然、保护环境、树立生态保护意识方面都起到了积极而深远的教育作用。生态保护关系到人类与自然的协调发展,关乎全社会和全球的可持续发展。社会实践活动设有自然篇,初中部分别到东方绿舟、奉贤海滩、孙桥农业园和滨江森林公园进行任务式考察,即带着任务单进行社会实践,有前期攻略和辅导、中期组织和考察、后期总结和评价。环境保护课程由班级垃圾分类评比、纸张兑换绿色植物、校园环保使者评选等组成，引导学生从身边小事做起，身体力行参与志愿者活动，为环保出力。

（三）发挥学生自主管理，搭建潜能释放舞台，采用多元激励方式积蓄成长的力量

1. 引导学生参与各种形式的自我管理

自我管理能创造一种亲切的、自由的、和谐的教育环境。通过自我管理，学生在平等、民主、亲密、和谐、富于情趣的集体活动中认识自己、教育自己，激发学生的内在动因，从多方面培养学生独立思考问题与分析问题的能力，培养创新型人才。

实现班级的自我管理，重点引导学生认识到班级和自己需要有一定的行为规范和道德规范。早读课发挥课代表的主动作用，除了常规的收作业外，还要组织全班进行晨读。体育课、中午用餐都需要学生排队前往，个别学生的不守纪律总会影响全班的进度，体育委员责任重大。因此，班级的自我管理是基于学生个体的自我要求，即"不影响他人"。

广泛开展各类社团活动、拓展课，吸引更多的学生投入到各种形式的自我管理中来，在展示个性、陶冶情操的同时，提高学生自我管理能力，形成社团自动运行的机制："七嘴八舌"自取社名、"一本正经"自选社长、"三五成群"自定方案、"五彩缤纷"自搞活动。

2. 采用多元激励方式积蓄成长的力量

第一，目标激励。让学生自定发展目标，每学期通过评选"和美少年"来激发学生的内驱力，调动他们学习和道德成长的主动性与自觉性。

第二，情感激励。要求教师与学生建立和洽的师生关系，倡导把无私的爱献给学生，把真诚的情洒向学生，关心学生的学习、生活、身体、心理，及时帮助学生解决成长中的困难，让学生在学校教育活动中产生满足、愉悦的心理体验，不断积蓄发展的正能量。

第三，榜样激励。在德育活动中充分利用伟人、贤达等教育资源进行榜样激励。如我国著名的"两弹元勋"钱学森，不仅在科学事业上卓有成效，而且忠于祖国，忠于人民。除此之外，我们还常常为学生树立身边的榜样，用班级"爱心天使""学习达人"等榜样激起学生"别人行，我也行"的尝试成功的欲望，进而形成一种鞭策的力量，推动着他们不断向更高的目标迈进并持续完善自我。

第四，奖章激励。以学校形象性标志——卡通蓝鲸为原型设计各类奖章，如

文明章、行规章、交通章、学习章、进步章等。奖章作为学生素质发展的评价体系和奖励手段,激励着每一名学生都能积极向上,实现德美结合的最优化。

四、加强家校社资源整合,形成以美育人合力

要提高学校教育的有效性,尤其是学校德育的质量和效果,就必须注重学校—家庭—社区教育资源的有机整合,协调、统一各方面教育力量,发挥教育合力的作用。

(一)"美丽爸妈"进校园

根据家长资源和学校需求,招募有特长的家长进入课堂,让他们用自己的专业或者成长经历,为学生开设别具特色的"美丽爸妈课堂",探索家校携手的新思路;招募家长志愿者担任学生的交通引导员,用家长榜样树立起学生对公益事业的热爱;邀请优秀家长代表分别在校级层面、年级层面、班级层面进行育儿经验的分享,让家长来教育家长,家长来影响家长。

(二)积极链接社会资源

公安部门、科普基地、科技馆、三防基地、烈士陵园、四鳃鲈园等教育资源能让学生获得新鲜的知识和体验,懂得社会运作的一些基本知识,这不仅是思想道德的教育,也是现代社会的公民教育。

在多年的行动研究中,我们在构建本校分层递进、有机衔接的"和煦德育"课程体系的过程中取得了突破,经验辐射至三新教育集团的九年一贯制其他学校。"和煦德育"课程体系的构建、实施,全面促进了学校学生核心素养的培育,影响学生核心素养培育的发展方向和结果。

参考文献

[1]上海市教育委员会教学研究室.我们的课程领导故事[M].上海:华东师范大学出版社,2013.

[2]高峰.重新发现学校[M].北京:教育科学出版社,2012.

[3]李希贵.学校如何运转[M].北京:教育科学出版社,2019.

[4]上海市教育委员会教学研究室.学校课程计划编制实践指南[M].上海:华东师范大学出版社,2013.

依托九年一贯之优势，夯实行规养成教育

上海市奉贤区育秀实验学校　王英

摘要：良好的行为习惯养成是关乎孩子一辈子的事，学校以"诚·恒"校训为引领，以主题教育为主线，以实践活动为依托，以评优示范为促进，持之以恒、循序渐进地开展行规的养成教育和内化训练，形成了"诚恒引领，自主管理"的行规教育品牌特色。

关键词：九年一贯　行规养成教育

著名教育家叶圣陶先生说："教育就是养成习惯，好习惯养成了，一辈子受用；坏习惯养成了，一辈子吃亏。"这就告诫我们：良好的行为习惯养成是关乎孩子一辈子的事，是保证孩子健康发展和终身发展的基础。

心理学研究表明：童年期（7—12岁）、青少年期（13—17岁）是学生行为习惯养成的最佳时期，这段时间学生正好接受九年义务教育。我校是奉贤区规模最大的九年一贯制学校，为此我们依托九年一贯之优势，夯实行规养成教育。特别是近几年，学校以区级课题"'诚·恒'校训引领下学生行为规范养成教育的实践研究"为抓手，确立了以"诚·恒"校训为引领，以主题教育为主线，以实践活动为依托，以评优示范为促进，将行规教育贯穿于学生学习与生活的各环节，形成"学校—家庭—社会"全员参与、齐抓共管、联手共育的工作格局。

一、管理机制，强化齐抓共管

学校构建了"学校—家庭—社会"三位一体的行规教育管理网络（见图1）。

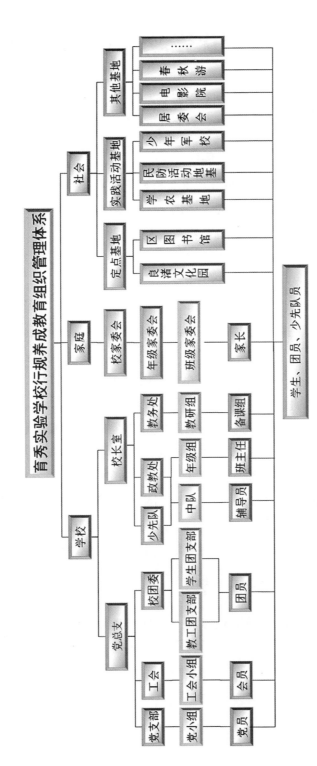

图1 "学校—家庭—社会"三位一体行规教育管理网络

学校内部实施"一点三线"管理机制。"一点"，即建立由校长为组长，党支部、校团委、工会、政教处、教务处成员为组员的行规领导小组，分析现状，查找问题，探讨解决策略。下设三个子系统，实施线性管理，明确工作职责：一是党总支—党支部、校团委、工会—党小组、团支部、工会小组—党员、团员、会员，主要负责教师的行规教育与考评；二是校长室—政教处、少先队—中队、年级组—辅导员、班主任—教师—学生，负责学生日常行规教育的落实和与考评；三是校长室—教务处—教研组—备课组—教师—学生，抓课堂主渠道的实践与渗透。借助"一点三线"的网络式管理，落实全员育人，落实行规教育。

同时注重构建"学校—家庭—社会"互动互补的教育机制，充分发挥校外行规教育基地资源优势，组织学生走出校园，在特定的环境中接受行规教育；组建家长、社区志愿者，形成合力，共同参与学生行规养成教育。

二、目标内容，体现九年一贯

（一）教育目标，循序渐进

行规教育目标的确定充分考虑九年一贯制学校特点，有总目标和年级段分目标。

总目标：以"诚·恒"校训为核心，开展以"实施自主发展，形成完整人格"为重点的行规教育，引导学生"求真知，做真人"，培养学生成为"健康自信、好学进取、真诚守信、知礼守规"的育秀学子。

年级段分目标：依托九年一贯制学校的优势，将总目标细分为年级段分目标（见表1），循序渐进落实行规养成教育。

表1 育秀实验学校行规养成教育年级段分目标

总目标	一、二年级	三、四、五年级	六、七年级	八、九年级
健康自信	适应小学生活，按时作息讲卫生，爱惜粮食不挑食，参加锻炼学自护，能做的事情学着做	合理作息讲卫生，文明用餐不浪费，保护视力勤做操，坚持锻炼会自护，自己的事情自己做	科学作息学自律，生活勤俭不攀比，积极体锻强身体，电子产品合理用，主动分担家务活	自强自律健身心，理性消费不攀比，珍爱生命保安全，悦纳自我再发展，热心公益爱劳动

总目标	一、二年级	三、四、五年级	六、七年级	八、九年级
好学进取	按时上学,认真听讲,积极思考,乐于表达,按时完成作业,读写姿势正确,经常进行课外阅读	学会预习与复习,上课专心听讲,积极参加讨论,独立完成作业,考试不作弊,积极向上爱阅读	主动预习,及时复习,积极思考,勇于提问,遇到困难善求助,坚持阅读养习惯,积极进取爱学习	好学多问肯钻研,积极思考勇探索,学习时间会管理,学习笔记常整理,课外阅读永坚持
真诚守信	知道校训"诚·恒",会用礼貌用语,尊敬师长,友爱同学,乐于助人,不说谎,不骗人	知晓"诚·恒"含义,待客热情大方,与人友好交往,尊敬师长,诚实守信,不说谎	理解"诚·恒"内涵,交友诚恳,态度友善,孝敬父母,尊重师长,诚实守信,言行一致	践行"诚·恒"校训,交友真诚,乐于助人,孝敬父母,尊重师长,诚实守信有担当
知礼守规	认识国旗国徽,学唱国歌,升旗肃立行礼;遵守校纪校规,保持公共卫生,爱护公物,不乱穿马路,不乱扔杂物,公共场所不大声喧哗	升旗时肃立,唱国歌,行队礼;了解民族历史与风俗;了解生活中的法律,遵守国法校纪;热爱班集体,维护公共秩序,自觉礼让,遵守公共规范	了解党史国情、中华民族优良传统,遵守国法校纪,自觉履行公共规范,文明礼让,爱护公物,维护公共秩序,保护生态环境,低碳生活护家园	了解党史国情,珍视国家荣誉,爱党爱国爱人民,传承中华民族优良传统,学法、懂法、守法,爱护文物古迹,维护公共秩序,保护生态环境

（二）教育内容,校本特色

　　学校注重让学生体验做人行事的规范,引领学生践行"诚·恒"校训,做为人诚实、待人诚恳、办事诚信、有恒心、有毅力、有克服困难之勇气的学生,让校训"诚·恒"内化为育秀人的日常行为。我们将教育目标转化为一个个具体的教育内容,每个内容又围绕"诚·恒"两要素,细化成各年级行规教育内容,体现校本特色。表2是"健康自信"模块的内容细分。

三、教育方法,注重九年连贯

　　养成良好的行为习惯不是一朝一夕的事,要经历"强化训练—初步形成—出现反复—矫正训练—不断巩固"的多循环,我们充分依托九年一贯学校的优势,持之以恒、循序渐进地落实行规教育,方法灵活多样。

表 2　育秀实验学校"诚·恒"行为习惯教育"健康自信"模块内容

校训	具体内容	分 阶 段 内 容			
		一、二年级	三、四、五年级	六、七年级	八、九年级
诚	合理作息	按时起居,睡眠达10小时,合理作息	合理作息,睡眠达10小时,生活有规律	合理安排作息,睡眠达9小时,今日事今日毕	养成合理作息习惯,睡眠不少于9小时,健康生活
	整洁卫生	勤洗手、剪指甲、洗头、洗澡、换衣服,上好厕所冲干净,学习打扫教室卫生	穿戴整洁,勤修指甲,讲究个人卫生,维护校园环境卫生	形成良好的卫生习惯,能自觉主动维护个人卫生和公共环境卫生	讲究个人卫生,维护环境卫生,看到破坏环境卫生的现象敢于制止
	文明用餐	前往食堂排队整齐,安静用餐,不挑食、不浪费	文明用餐不挑食、爱惜粮食不浪费,碗盆轻拿轻放讲文明,果皮纸屑要分开	领取饭菜要排队,文明用餐不挑食、爱惜物品不浪费,用餐完毕勤收拾,养成良好垃圾分类习惯	文明用餐好习惯,节粮节水意识强,"食光之星"人人当,桌面凳面无污渍,餐盘碗筷收纳齐,垃圾分类深入人心
	健身强体	认真学做"两操",积极参加体育锻炼,限时使用电子产品,保护视力	认真上好体育课,做好"两操",课余时间能勤加锻炼,适度使用电子产品,讲究用眼卫生	强身健体,认真上好体育课,积极参与体育活动,合理使用电子产品,形成良好的用眼习惯	养成每日运动的良好习惯,自律使用电子产品,保护视力
	珍爱生命	不做危险的事情,不玩危险的游戏,学习自我防护知识,懂得自我保护	了解基本的用电防火知识,学会安全使用家用电器,掌握简单的灭火知识,遇险时会自护、逃生	了解生命可贵,具有一定的求生技能和防范意识,注意网络安全、能自我控制,不沉迷	尊重生命、了解自我,具有安全防范意识,外出向父母诚实说明,注意人身安全

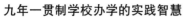
续 表

校训	具体内容	分 阶 段 内 容			
		一、二年级	三、四、五年级	六、七年级	八、九年级
诚		自己学会系鞋带、佩戴校牌、整理书包等力所能及的事	自己的事情自己做，能主动整理自己的房间及生活用品，学习力所能及的家务	能料理个人生活、自己的衣物，学习用品收放整齐，主动承担力所能及的家务，积极参加志愿劳动	能料理个人生活、自己的衣物，用品收放整齐，主动承担力所能及的家务劳动和公益劳动
恒	自理自强	坚持早睡早起，上学不迟到，不早退；保持个人卫生整洁，维护校园卫生；用餐时始终保持安静，不挑食，不浪费；每天参加体锻	文明用餐，保持安静，坚持每天"光盘"；学习运动员不畏挑战、永不服输的精神；坚持课外亲子锻炼，倡议父母远离手机，全民健身	坚持每天"光盘"，餐盆轻放；时刻保持警惕，有安全防范意识；坚持自己的事情自己做，每周保证2小时课外体育活动时间	生活作息有规律，经常锻炼强身体，珍爱生命永记心；不沉迷于游戏，营造健康的网络环境；每周进行个人仪表、卫生情况检查，做事有恒心，有毅力

（一）起始年级重规范

重视一、六起始年级的行规教育。如在一年级《学习适应期手册》中，每天通过小嘴念儿歌、小手学自理、小眼看校园等进行习惯养成教育。六年级《入学教育手册》包含了《育秀学校学生一日常规》《爱护公物细则》《星级行为规范示范班评比细则》《育秀实验学校加强学生手机管理细则》等，让学生明晰要求，争做新时期"诚恒"好少年。

（二）行规教育重日常

重视行规的日常教育。每周一晨会，周二、周五的午会为行规教育时段；每月确定一个主题，各年级有不同要求，注重循序渐进；班主任结合班级情况开展针对性教育，做到落细、落小；政教处落实专人检查，确保行规教育专课专用。

（三）学科教学重渗透

课堂是行规教育的主阵地，要求每位教师都能结合学科特点强化行规教育，形成全员参与行规养成教育的格局。在课堂教学评价中增设教师教学行规与学生行为表现的分值，以此引领教师在学科教学中自主开展行规教育。

结合学校将阅读指导与三类课程、学校活动有机整合的全学科阅读指导教学特色，引领全体教师在学科教学中渗透阅读指导，提升学生的综合阅读能力，借力阅读活动，营造阅读氛围，养成良好的阅读习惯。如今浓郁醇厚的书香不仅在教室弥漫，在校园飘溢，还在家庭中流淌，传习雅言之道，培育君子之风。

（四）实践活动重体验

学校创设丰富多彩的主题教育活动，鼓励学生走出校园，走进社区，体验现代社会对人才品格及文明素养的要求，从而养成高尚的道德情操与良好的行为规范。如仪式活动中夯实行规教育，在升旗仪式中庄严肃穆，大声唱国歌，敬队礼，接受爱国教育；节庆活动中渗透行规教育，引导学生体验和感悟节庆纪念日中蕴含的中华传统文化与美德；学农活动中认识农作物，学种菜，学会使用劳动工具，逐步提升劳动技巧，最终树立正确的劳动观，懂得劳动的意义，养成爱劳动的习惯。

（五）考核机制重激励

（1）教师层面：通过区镇校卓越教师、优秀教师、师德优良的评选，树立教师团队中的表率与典型。（2）班级层面：通过星级行为规范示范班、新成长班集体的评比，营造良好的班风、学风。（3）学生层面：借助班级值周活动，使每位学生都有机会体验"教育、监督、管理"的角色，在实践中感悟遵守行规的重要性和提升自主管理能力的必要性。通过"育秀之星""校优秀队员""美德好少年"评比，树立榜样,发挥示范,促进学生行规内化。

（六）家校携手重共育

重视家校携手共育,积极搭建平台让家长参与到孩子的行规养成教育中。通过微信公众号、家长学校、家访等形式,加强宣传与培训,引领家长重视孩子的行规教育,探讨行规教育的普遍问题,研究行规教育的好方法,分享成功的典型案例,提升家长的行规教育能力,助力学生良好习惯的养成。

（七）全员导师重务实

借力全员导师制务实行规教育,做到"教师人人是导师,学生人人有导师",每位导师在思想引导、学业辅导、心理疏导、成长向导、生活指导中落实行规教育,让每一位学生得以快乐、健康、全面发展。

四、品牌创建,注重行规内化

行规养成是"教育—内化—外显"的有机统一,因此我们不仅注重"养成"教育,更关注"内化"训练,形成"诚恒引领,自主管理"的行规教育品牌特色。"诚·恒"不仅指师生"诚·恒"品行的形成,还指对行规教育、行规训练、行规评价的守诚持恒,常抓不懈。此外,构建了"445"行规教育品牌,即明确"四自"目标要求,抓好"四支"学生队伍,落实"五个"推进举措。

（一）"四自"目标要求

学校以"诚·恒"校训为引领,构建了生活自理、学习自主、行为自律、安全自护的"四自"要求框架（见表3）。

表3　育秀实验学校"四自"要求框架

四自	一、二年级	三、四、五年级	六、七年级	八、九年级
生活自理	1. 自己穿衣,叠被,系鞋带,佩戴领巾,整理房间、小书桌、书包与文具盒 2. 勤剪指甲,勤洗头洗澡,勤换衣服,勤洗手,认真做好值日生工作 3. 生活有规律,睡眠充足,锻炼身体,保护视力	1. 自己的事情自己做,主动清洗自己的小衣物,独立整理自己的房间及生活用品 2. 穿戴整洁,讲究个人卫生,维护公共卫生,认真做好校园环境卫生工作 3. 生活有规律,睡眠充足,每天锻炼身体,保护视力	1. 能料理个人生活,主动承担力所能及的家务和公益劳动 2. 具有良好的卫生习惯,并能自觉主动维护个人卫生和集体环境卫生 3. 生活有规律,注重锻炼身体,保护视力	1. 不依赖父母,自己的房间自己打理,主动承担家务,积极参加公益劳动 2. 讲究个人卫生,维护环境卫生,看到破坏卫生的现象敢于制止 3. 生活自律,强身健体,保护视力

四自	一、二年级	三、四、五年级	六、七年级	八、九年级
学习自主	1. 知道学习的意义，每天自觉到校，愿学、乐学 2. 在教师帮助下，学习课前预习、专心听课、独立作业、及时复习的基本方法 3. 在教师指导下，能掌握一定的学习方法，遇到问题先独立思考再请教他人 4. 养成每天晨读的习惯，进行适当的课外阅读	1. 清楚学习是自己的事，爱学、自觉学 2. 在教师督促下，能做到课前预习、专心听课、独立作业、及时复习 3. 有一定学习方法，具有问题意识，敢于提出问题，善于分析问题、解决问题 4. 到校后自觉晨读，经常开展课外阅读	1. 学习目标明确，自主规划、自发学习、自我管理 2. 能自觉做到课前预习、专心听课、独立作业、及时复习，养成良好的习惯 3. 对所学知识深入思考、深刻理解，并能运用所学知识解决实际问题 4. 坚持课外阅读，边读边思，勤做笔记，勤写感想	1. 自觉做学习的主人，合理规划、克服惰性、自主学习 2. 坚持课前预习、专心听课、独立作业、及时复习，固化习惯，锻炼意志品格 3. 学习方法灵活多样，具有一定的自学能力，能独立、有策略地解决问题 4. 每天坚持收看时政新闻，读书读报，不断拓宽视野
行为自律	1. 按时起居，上学不迟到，做事不拖拉 2. 懂感恩、能团结，在家尊敬长辈父母，入校主动向老师、同学等问好 3. 遵守公共规则，不乱扔杂物，不破坏公共卫生，不在公共场所追逐打闹，不破坏公共财物，不乱涂乱画，不随意践踏草坪	1. 自订合理作息表，并自觉遵守，生活有规律 2. 讲诚信、会合作，见到长辈、朋友主动问好，乐于助人，团结协作 3. 遵守公共规则，主动打扫，见到垃圾能捡起，公共场所不大声喧哗，文明礼让，维护公共秩序，爱护公共财物，不摘花折枝	1. 自觉遵守作息时间，当天事当天毕 2. 文明用语，行为举止优雅，同学之间相互帮助，待人、交友诚恳大方 3. 遵守公共规则，自觉打扫和维护公共卫生，公共场所不大声喧哗、寻衅滋事，爱护公共财物，爱惜花草树木	1. 合理安排时间，学习、休息两不误，健康生活 2. 举止文明有礼貌，诚实守信，尊敬长辈，待客热情，不欺凌弱 3. 遵守公共规则，自觉维护公共卫生与公共秩序，不寻衅滋事，爱护公共财物，看到摘花折枝、随意攀爬及时制止
安全自护	1. 不做危险事，不玩危险游戏，不擅自离家出走，懂得自我保护 2. 遵守交通规则，不在马路上嬉闹，走人行道，过马路走人行斑马线	1. 牢记安全第一，了解基本安全知识，遇到危险会自我保护或向他人求救 2. 遵守交通规则，认识各类交通标志，不乱穿马路，上下车不争抢	1. 具有一定的求生技能和自我防范意识，注意网络安全，能自我控制，不沉迷网络 2. 遵守交通规则，熟悉各类交通标志，不乱穿马路，坐车自觉买票，主动让座	1. 尊重生命，具有安全防范意识，注意人身安全，学会自我保护与自救 2. 遵守交通规则，熟悉各类交通标志，不乱穿马路，不违章骑车，文明乘车

（二）"四支"学生队伍

在特色打造中凸显自我教育、自我体验、自我管理、自我发展，加强学生队伍建设，抓住"大队委员、班干部、值周班、假日小队"四支队伍，首先要求他们以身作则、行为规范、榜样示范；其次指导他们善于发现同学的不良行为，敢于批评指正，不断提升管理能力；最后通过红领巾广播、校园心灵音乐电台等，共同塑造健康的身心品质。

在队伍建设中，四支队伍分工明确。大队委员负责各中队班干部、值周班班干部、假日小队长等的培训与指导，提升自主管理能力；班干部负责班级行规教育指导检查；值周班负责各岗位的培训指导；假日小队长负责带领组员有序扎实地开展假日实践活动和志愿服务。

（三）"五个"推进举措

1. 注重劳动习惯培养

学校构建了自理型、服务型、实践型有机融合的"三位一体"的劳动教育体系。（1）自理型劳动。以培养学生自主生活、自主学习的习惯与技能为宗旨，开展"我的房间我整理""我的文具我管理""我的班级我打扫""我的校园我清理"等活动，引领学生学会整理、学会打扫，培养学生良好的卫生习惯和自我管理能力。（2）服务型劳动。以培养学生服务他人的精神与能力为宗旨，与家长、居委会、基地联手，指导学生"参与家庭管理，服务亲人；参与班级管理，服务同学；参与学校管理，服务校园；参与社区管理，服务社会"等服务型劳动，培养乐于助人的良好品格与能力。（3）实践型劳动。学校以提升学生解决现实问题能力为目标，增设劳动技艺类拓展型课程，认真组织学生参加学农、民防、植树节、校园护绿、社区保洁、志愿者服务等社会实践活动，在提升学生劳动能力的同时让其体验劳动成果的来之不易，从而增强尊重劳动人民和劳动成果的感情，实现从自理到自律再到自立。

2. 开展值周班活动

值周班活动在我校已实行多年，我们充分发挥学生的主人翁精神、团结协作精神、勇于担当精神，将宣传、教育、监督、评比、反馈等学校日常管理职权交给学生，要求人人参与，做到人人有岗位，清晰每个岗位的管理职责，让每个学生在值周班活动中加深对行为规范的理解，进行自我教育，增强自律。

3. 大手牵小手活动

根据九年一贯制学校特点，以"示范、指导、合作"为宗旨，由六、七年级学生轮流到一、二年级友谊班中担任小辅导员,开展行规主题教育活动,共同营造文明、团结、互爱的校园氛围。低年级学生在大哥哥大姐姐的引领下不断养成良好行为习惯;高年级学生在管理中自我教育、自我体验、自我发展,培养了管理能力。

4. 争创"新成长班集体"

学校积极开展"新成长班集体"的创建活动,并预先告知评比要求,引领学生自己制定班级公约,自己布置班级文化,自己维护班级卫生,自己维护班级秩序,争创"新成长班集体",提升学生自主管理能力。

5. 自主规划假期

引导学生自主规划、自主开展假期活动。精心设计印刷《我的假期我做主》学生假期活动记录本,内容涵盖:我的假期计划、我的运动打卡、我的阅读收获、我的劳动实践、"i奉贤贤文化"主题探究活动与志愿服务等,指导每一位学生合理安排假期生活,提升自我管理、自我学习、自我体验、自我实践的能力。

播种行为,收获习惯;播种习惯,收获性格;播种性格,收获命运。守"诚"持"恒",是育秀实验学校行规教育的核心理念,我们将坚定不移地把学生行规养成教育放在首位,坚持五育并举,努力工作,细心耕耘,使育秀实验学校不断走向新发展,让育秀学子在面对挑战中收获新成长!

参考文献

[1] 杨旭.基于行为主义理论的小学生良好学习习惯养成教育探究[J].延边教育学院学报,2021,35(6):226-228.

[2] 李如升.浅谈中国传统文化教育对农村初中学生行为习惯的影响[J].中国校外教育,2019(25):16-17.

[3] 吕其林.抓好五个要素 构建学校德育体系[J].科学咨询(科技·管理),2012(7):40.

守正创新 育人情深

——学校行规工作的实践与探索

上海市毓秀学校　周秀芳

摘要：本文介绍了学校行规教育的管理架构、师生行规双线运行机制，细化各级管理部门职责，强化全员育人意识。学校通过学生评教问卷调查，开展师德标兵的评比表彰；构建"言行雅正，上善致远"学校学生行规58问，开展鲜活的创生活动，彰显了学校以人为本、五育融合的教育生态，提升了师生行规素养。

关键词：行规教育　养成机制　师生双线运行　行规特色活动

学校坚持贯彻落实中共中央、国务院《新时代公民道德建设实施纲要》和教育部《中小学德育工作指南》文件精神，并结合时代发展，以中共中央、国务院《新时代爱国主义教育实施纲要》和《关于全面加强新时代大中小学劳动教育的意见》为指导，立足学校办校实情，扬长补短，加强学校行规示范品牌建设，开展行规特色活动，不断推进师生行为规范养成。

一、明晰组织管理机制，坚持师生双线运行

德育是根基。学校教育的意义无疑是为了广大师生的更好发展、更快提升。我校的行规教育一直坚持师生的双线运行。

一是加强学生行规教育的领导和运行：校长书记室—校行为规范教育领导小组—德育处、教导处、教科室、团支部、少先队大队部—年级组、教研组、备课组—班主任、学科教师—班委会—全体学生。

二是重视教师行规工作的架构：校长书记室—校行为规范教育领导小组—德育处、教导处、教师处—年级组、教研组、备课组—全体教师。

三是明确各级管理部门职责分工。（1）校长书记室：立足学校全局发展，将学校行为规范教育纳入"十三五"规划中，与其他工作形成有机联系，协同推

进。（2）校行为规范教育领导小组：制定学校行规教育规章制度和计划，协调布置相关工作。（3）德育处、团支部、少先队大队部：立足学校德育工作条线，在合理布局德育各项工作的基础上，有思路、有抓手地推进行规教育工作。（4）教导处：在"全员育人"思想的指导下，通过教研组长和备课组长，让"行规教育"走进课堂教学全过程，形成行规教育在德育工作和教学工作中的无缝对接。（5）教师处：加强师德师风建设，规范教师教育教学行为，提升教师行规品位。（6）教科室：加强行规工作的科研指导，加强学校行规工作经验总结，促进学校行规工作的示范辐射工作。（7）年级组、教研组、备课组：协调带领一线教师具体细化实施领导小组的工作要求。（8）班主任和学科教师：配合年级组长，带领班干部和学生充分落实学校行规教育具体工作。（9）班委会：配合班主任和学科教师，带领全班学生落实学校行规教育具体工作。

学校一直坚持师生行规双线运行机制，我们深知，广大教师到校上班不只是来教书的，更是来育人的。广大教师言行得体、身正为范，是学生行规素养"过得硬，走得远"的重要保障。

二、强化全员育人意识，提升为师品性素养

华东师范大学叶澜教授有个观点：现在，提教师专业发展太多，提教师发展太少。我们深表认同。因为，教师上课，不能仅靠专业学识，一堂好课、一个好班级，其背后的支撑一定是教师本人全面的学养和人品。所以，强化全员育人意识、提升为师品性素养，是学校常抓不懈的一项工作。

这些年来，学校坚持用自主开发的学生评教问卷调查软件，对教师的教育教学常态工作进行"月月评"，从学生视角审视教师的工作成效。问卷指标特别强调广大教师在日常工作中对学生行为习惯养成的垂范陶冶，比如教育思想端正，举止文明，作风正派；关心爱护学生，做到不侮辱体罚或变相体罚学生；尊重学生的人格，公平对待每一个学生，关心帮助学困生；教师课上不接听手机；教师和学生的关系融洽……对于评价明显偏低的教师，校长和年级分管领导以关心帮助为出发点，及时沟通面谈，督促改进；对于评价较高的教师，学校在评优、年度考核等机会中给予优先考虑，以此强化"教服务于学"的理念，优化全体教师的行规垂范效应。

在每学期期末的教职工会议上，学校以论坛形式，聚焦工作的热点和难点，

引领全体教师共同研讨思考。"点亮初心,遇见更好的自己""平和从教,执着追梦""我和我的学生——浅谈我的学生观""守正出新,慧教善研""一枝一叶总关情——做优评价促发展""乐当好导师、学做大先生"……近三年论坛交流的话题都以人的发展、学生的全面成长为基点,在一场场交流碰撞、反思分享中,教师们执着探寻新基础教育的门道,"学高为师,身正为范"的良好教风逐渐弥散在整个校园。

校园是文化的乐土,应该是充盈着书香的园地。学习是毓秀的"骨头",除了不断邀请专家进校园讲课做报告外,学校还坚持开展教师"读书沙龙"活动,建设书香校园,培养广闻博览、有书卷气质的教师。每学年,校领导会遴选书籍赠送给全体教师,如《好的孤独》《懂你》《中国共产党的九十年》《改革开放成就上海》《做最好的教师》《教育为谁》《孔子》《小王子》《课堂上究竟发生了什么》《不跪着教书》……让教师工作之余随手翻阅,撰写感悟,教师的专业能力和思想境界在潜移默化中不断提高,书香教师、书香校园的建设也日见成效。班主任黄老师曾在大会上给全体教师介绍用《论语》治班的可喜成效;2021年,学校校长代表青浦区参评,当选为上海市"书香校长"。

为进一步深化人人都是德育工作者的理念,学校还多次组织党团员教师利用午间有主题地进班宣讲,用鲜活的案例引导学生遵规守矩、提升德行。2022年,学校组织评比,对三十多位毓秀"最友善""最文明""最敬业"教师予以表彰奖励,并将他们的先进事迹和工作照片展出在宣传橱窗里,以弘扬教师高尚的师德师风。学校十分珍惜我们身边平凡而优秀的教师,这些教师是毓秀教育良心与温度的杰出代表,是毓秀的标杆,是学习的典范,是学生行规养成、人格完善的精神领袖。

良好的校风教风、上善的工作氛围非常重要。学校经常开展教师文明组室评比活动,让大家评比哪个办公室更干净、更得体、更匠心、更文化,因为办公场所能从侧面反映出工作者的凝聚力和战斗力,彰显师爱师能。在一次次的部署和巡视中,我们深切地感受到广大教师对学校的喜爱、对岗位的深爱、对学生的仁爱、对自己的珍爱……工会主席范老师在感动中提笔写下了《从文明走向文化——十月份文明组室评比侧记》一文,并发布到校园网上。他说:"钟灵毓秀,人杰地灵。十多年来,毓秀这个'大家'在全体教师的共同努力下变得越发成熟与美丽,这种成熟与美丽得益于教师们精心营造的办公室小家,得益于教师们文化自觉的彰显。大家的办公室更净更美了，其中揉入的育人思想和情怀，更让我们看到了大家为师的自律和垂范，难能可贵。我觉得，'文明组室'的评比正在从'文明'逐步走向'文化'……"另外，教师文化社团活动也有序开展，如插花、茶艺、书法、国画、太极、瑜伽……学校用健康高雅的课程体验缓冲教师们的辛苦疲惫，丰富教师们的业余生活，经营好优质学校应有的雅致和融的文化氛围，让广大学生的成长更健康优质。

学校自被评为"市行为规范示范校"以来，始终戒骄戒躁，抓行规抓师风。一大批青年教师迅速成长，在各级各类比赛中屡屡获奖。最近，初中段陶芳琴、龚赛华老师获得了上海市"崇明杯"班主任基本功大赛一等奖和二等奖；小学段袁秋烨、沈喜萍、陈彩萍老师陆续收到家长们送来的锦旗和表扬信，称赞她们"严谨敬业""睿智敬业""令人敬仰"；学校书记徐淑萍老师被评为"区教书育人楷模"。2022年，学校也顺利通过评审，成为青浦区办学水平评估优质示范校。学生的喜爱、家长的褒奖以及各项比赛荣誉的获得无疑是对学校教师行规和师风建设最好的肯定。

三、丰富校园文化活动，凸显化育濡染魅力

建筑是凝固的音乐，墙面有无言的魅力。近几年，学校在环境的优化上做文章，充分彰显其独特的行规育人作用。

校门口大树下，有三只可爱的蜗牛，俏皮之中也在无声地提醒我们教师：做基础教育，不能太着急，要有牵着蜗牛去散步的仁爱与耐心，要有静待花开的信任与从容。教学楼外墙上，新挂上了教师、同学的部分书画作品，正楷行书草书、素描国画蜡染，异彩纷呈，匠心各异，彰显着师生的想象力、创造力；还有校歌《理想扬帆起航》和吉祥物"小毓"也都上墙，她们在显眼位置，每天向师生们传递着进取的精神。校园里有一个古朴端庄的亭子，2022年也挂上了匾额与对联，我们称她为"及时亭"，取陶渊明"及时当勉励，岁月不待人"之典；"学海渡舟，弄潮儿当日日精进；家国天下，读书郎须时时经心"的对联，劝勉着毓秀师生，人人都应学有目标、行有规范、教有理想。修身齐家治国平天下，从来不只是古人的高远情怀，更应是我们当代人、我们毓秀人的神圣使命。

学校还举办丰富多彩的文化活动，用"软实力"增加学生在校体验，借蓬勃的校园文化建设引导师生文明言行、滋养灵性，推动学校的可持续发展。两份校报

《毓秀行知》《墨缘》始终面向全体学生，展示他们的才艺，放大他们的本领，增进他们的归属感。另外，校本节日文化活动也已成为广受赞誉的行规教育濡养特色。近几年，学校在原有的读书节、艺术节、德育节的基础上，继续不断创新，陆续开展了班主任节、狂欢节、科技节、尊师节，还组织了师生书画展、优秀作业展等大型活动。

2018年10月，学校举办首届狂欢节。以"狂欢缤纷校园，舞动精彩毓秀！"为口号，组织了神奇魔术秀、智力大冲浪、快乐游园活动、DIY作品义卖、教师趣味运动会……为师生呈现了一场场欢乐的精神文化盛宴，让师生在有品质、有创意的"玩乐"中释放压力，愉悦身心。

2019年秋，学校举办了以"拳拳寸草心，涌报三春晖"为主题的首届尊师节。升旗仪式上教师发起尊师爱师倡议；主题班会上学生品味程门立雪的内涵；黑板报、红领巾广播跟进相关宣传报道；每位学生写尊师心语卡，各年级选择一部分张贴到各楼层展板上，空气里充满着学生们对朝夕相处的教师的喜爱、尊敬、感恩；摄影师走遍校园用镜头抓拍记录各位教师关爱学生、认真工作等感人瞬间；书法教师带着学生们撰写师爱对联，在典雅的墨香中，品味美、感受爱……在和融的氛围中，引导学生读懂师心、规范言行，做新时代的好少年。

2019年冬，"乡风吹来——毓秀学校第二届师生书画作品展"在练塘镇可·美术馆举行，画展盛大而颇具规格，凸显了我校书画教育的丰厚实力。书画展共展出师生书法、国画、工艺美术作品近四百件。作品展出期间，有千余名家长和社会人士陆续观展。此次展览，再次拓宽了行规育人途径，彰显了学校以书法教育为载体，引导学生习字做人、恪守规范的育人特色。学生们亲历这样的活动，其文化自信和学习成就感倍增，行规素养也在环境熏染的潜移默化中得到了提升。

四、重视国家德育新政，做强劳动爱国教育

学校高度重视劳动教育，认真落实《关于全面加强新时代大中小学劳动教育的意见》精神，坚持德智体美劳全面发展的教育宗旨，根据学生发展和年龄特点，把劳动教育分成"家务劳动""校内劳动""基地劳动""志愿服务公益劳动"四个方面，在校内外广阔的时空里，培养学生热爱劳动、勤于实践的良好品质，养成良好的生活行为习惯。疫情期间，学校以"我为爸妈做早餐"为主题，让学生充分发挥创造力，为爸妈做一份创意早餐——一份好看、好吃、好搭配的"战疫"营养餐，并

用小视频记录餐点制作搭配的过程,展现科学饮食理念、生活劳动技能以及浓浓的孝心爱意。

学校始终注重将爱国主义教育工作与行规教育工作相融合。学校在新中国成立70周年之际,以"爱祖国,爱家乡"为主题,开展一系列活动。全校各班开展"爱祖国,爱家乡,爱毓秀——庆祝新中国成立70周年主题教育课";组织"庆祝新中国成立70周年合唱比赛",唱响校歌,唱响爱国主义主旋律,引领学生在艺术活动中陶冶性情、修正瑕疵、升华思想。我们还举全校之力,录制了热烈隆重的《我和我的祖国》快闪视频,在校园掀起一轮又一轮爱国爱校热潮,该视频还登上"学习强国"平台。

教育的很多工作就是反复做,直至形成习惯变成文化。每学期,学校组织各班评选表彰各年级行为规范示范班和示范员,让文明之风吹遍校园;每次读书节,学校组织评选各年级"书香家庭""书香学生",并颁发奖状、奖杯以资鼓励;学校还多次组织开展学生优秀作业展,聚焦核心素养,关注所有学科,帮助学生养成自觉的作业习惯,提升学会学习的意识和能力。最近,学校又积极响应上级发起的"反对浪费,厉行节约"号召,研究出台毓秀节约方案。学校通过广泛宣传、开展活动、狠抓光盘、重视劳育四方面增进广大师生的节约意识,进一步提升大家的文明素养。

五、完善自主养成机制,发挥示范引领作用

作为青浦区九年一贯制学校五校共同体的领衔学校,学校组织了"一班一品,文化引领——青浦区九年一贯制学校班级文化建设专题研讨会",与共同体其他四所学校从班级文化建设、家校共育等不同角度,交流探讨了学生行规养成的途径。

2019年11月,广西北海教育系统办公室管理干部能力提升培训班的四十余名干部学员来校参观考察,我校做了《用青浦实验塑造品牌,用行动教育提升育人品质》报告,向外省市教育同仁介绍了学校在行规教育方面的做法和经验。2020年9月,全国优秀教师、上海市班主任带头人工作室主持人高飞老师带领工作室成员来校考察交流,我校做了《优管理,强品牌,不断提升育人品质》的学校行为规范教育专题报告,引起工作室各位市优秀班主任的共鸣。2022年4月,校长在《青浦教育》杂志发表《唤醒主题意识,促进品性养成——以〈毓秀

学生行规 50 问〉为载体的学生行规自主评价改进机制》一文,介绍了我校行规教育的品牌经验。2023 年 3 月,校长在《现代教学》杂志发表《强管理优内涵,提升育人品质》一文,全面介绍了我校行规教育的思想和举措。

随着社会发展,我校生源及其家庭环境发生了变化,学校主动作为,在行为规范教育方面自觉提出"言行雅正,上善致远"的新要求,试图将师生行规教育工作推向新高度。学校对《上海市毓秀学校学生行规 50 问(2016 版)》进行升级,在原来的九个板块的 50 个问题问基础上,新增了第十个板块"涵养修为"。这些新增问题,旨在"培养合格的公民、健康的人"的同时,让毓秀校园走出更多"志当存高远"的学生精英和未来的社会栋梁,为优秀学生的"扬长发展"助力。

泉涓涓以始流,木欣欣以向荣。正如校名中"毓"字的含义一样,学校十五载育人路上,在推进行为规范教育的过程中,一直坚持激励、鼓舞学生们以积极进取而又不失从容的态度不断超越自我,做更好的自己! 如今,我们欣慰地看到校园里教育教学秩序井然,师生的精神面貌阳光积极,言行举止雅正文明。

我们深知,行为规范教育工作是学校教育工作中需要常抓不懈的重要工作,学校今后会在三个方面继续完善深化:一是在"双减"背景下,进一步探究如何改善学生的自主学习行为习惯,提高学生学习效率;二是在"全员导师制"的深化推进工作中,梳理明确行规教育的具体着力点,将导师发展为学生行为规范教育的新生力量和重要队伍;三是学校的行为规范教育品牌建设从 50 问托底式规范教育,深化发展为 58 问,其中新提出的"雅正"高阶要求还需随着社会的进步和学校的发展,继续总结提炼,深化创新。

在行为规范教育工作的路上,"毓秀人"将继续保持清醒的头脑,常常自省,时时自律,谦虚学习,努力实践,争取在办学方面有新的发展与成效。

参考文献

[1] 丁苗.小学低年级学生养成教育例谈[J].新班主任,2020(8):27 - 29.

[2] 杨玉斌.浅谈农村小学生养成教育的培养策略[J].课程教育研究,2020(24):15 - 16.

导师相伴 赋能成长

——上海市西郊学校全员导师制的探索与实施

上海市西郊学校　赵伟　陈薇

摘要：学校自试行全员导师制起，积极探索全学段覆盖、系统构架完善的导师制体系，培养了一批亦师亦友的导师团队，为学生的全面发展赋能。经过两年多的实践，形成了以下五条校本策略：一是完成顶层设计，统筹导师工作；二是进行导师培训，提升育人能力；三是开展双导上线，全面护航成长；四是探索整合资源，凸显协同育人；五是借助依托平台，搭建导师体系。

关键词：全员导师制　校本经验

上海市西郊学校是一所集小学、初中、高中于一体的十二年学制公办学校。学校以"基于成长的需要，为每个学生提供更好的帮助"为办学理念，积极践行"育人至上，体魄与人格并重"的育人观，努力培养学生科学健身的素养以及正行精进的品质，有效推进"体教结合"办学特色的形成。学校荣获"国防教育特色学校""上海市群众体育先进单位"等称号。

为更好地落实"全员、全程、全方位"的育人工作体系，2021年4月上海市中小学开始试行全员导师制，对学生进行全面发展指导。学校以《上海市西郊学校全员导师制实施方案》为指导，两年多来积极摸索，扎实推进，结合学校课程广泛开展各项活动，现已形成全学段覆盖、系统架构完善的导师制度体系，培养出了一批亦师亦友的导师团队，为学生全面发展赋能。

一、顶层设计，统筹导师工作

（一）成立导师工作小组

学校成立由校领导和校级家委会成员组成的全员导师制实施工作领导小组，全面负责指导全员导师制工作的实施、评估工作，并在学生发展中心、课程教学中心和教师发展中心的负责下，构建了全员导师制工作日常管理和专业指导的"双线"

组织构架,做到分工负责,目标明确,责任到人,积极构建家校育人共同体。

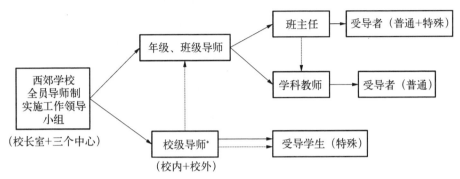

说明: " —→ "日常管理线, " ⇢ "专业指导线。
* 校级导师由三中心主任、学校团队和青保教师、校外辅导员、外聘专家组成。

图1　西郊学校全员导师制"双线"架构图

(二)建立导师匹配机制

学校根据教师育人能力和实际情况,以师生双向自愿选择为主、指定结对为辅,指导师生建立导育关系,确保师生全员覆盖。全体教师组成导师团队,分为班级导师及校级导师。班级导师团队由班主任和学科教师组成,班主任分离出本班需"稍多关注学生",由班主任及学科教师共同关注,学科教师为主要责任人,一位学科教师面向多位"稍多关注学生"。校级导师由校内辅导团队及校外辅导团队组成,校内辅导团队由校领导、学生发展中心教师、心理健康教师和党团员教师组成,校外辅导团队由教师专业人士、家长志愿者及社区志愿者组成。校级导师将一对一地面向由班主任分离出的本班"重点关注学生"。育人导师与受导学生师生比根据实际确定(小学原则上不超过1∶15)。

(三)落实导师职责任务

导师以"成为学生的'良师益友'""开展科学有效的家校沟通和家庭教育指导"为基本职责,以落实四项任务(每月一次交心谈话、一次家访沟通、一份书面反馈,以及每学期一次"家—校—社"共育活动)和开展五项行动(思想引导、学业辅导、心理疏导、成长向导和生活指导)为目标。

二、导师培训,提升育人能力

(一)导师制培训的目标设计

通过外部引进、学校自建等路径建设培训课程,并探索普及型、因需型和播种型相结合的实施路径,培育包括胜任型、骨干型和种子型导师的导师梯队,提升导师的学生成长指导能力和家庭教育指导能力,推动教师人人成为学生成长的良师益友、家庭教育的协同伙伴,助力学校全员导师制工作顺利推进。

(二)导师制培训的内容设计

(1)通识模块:主要包括相关政策和导师"规定动作"两方面的内容,确保教师有统一的理念和思想基础,确保每一位教师对"规定动作"有最基本的认识和实施能力。(2)指导力提升模块:具体包括思想引导力提升、学习辅导力提升、心理疏导力提升、生涯指引力提升、生活指导力提升和家庭教育指导力提升。(3)转化与应用模块:主要包括全员导师培训设计与实施、校本培训设计与实施等内容,旨在帮助部分教师获得具有设计和实施全员导师相关培训的能力。

(三)导师制培训的实施路径

(1)普及型实施(重点培养胜任型导师):利用校级全员导师专项培训,向尽可能多的导师介绍通识模块。(2)因需型实施(重点培养骨干型导师):在通识模块培训的基础上,一方面通过与第三方合作研发,基于导师胜任力在线测评,以推送课程和自主选课相结合的形式,满足指导力提升个性化要求;另一方面通过市区相关培训等平台,持续提升导师指导力。(3)播种型实施(重点培养种子型导师):针对优秀班主任、骨干教师,聚焦全员导师制进行全面性、长程性学习,并帮助其转化为校本培训,起到辐射、引领作用。

三、双导上线,全面护航成长

2023年,伴随教育部等13部门联合印发《关于健全学校家庭社会协同育人机制的意见》的发布,学校的全员导师制进行了升级,"双导"上线,为学生的成长全面护航。"双导"有两层意思。首先是教师"双导",即教师既关爱学生,又要肩负家庭教育指导的任务,引导家长科学育人。其次是家委会导航员的加入,形成"双导"与"导航"的双重格局。"双导"上线,家校协同,凝聚更强大的教育力量,助力学生的健康成长。

导师们精选心理动画片或者心理辅导片,和学生们一起欣赏,分享其中成长的智慧;导师们结合安全教育周的主题,将安全教育融入导师工作,提出学生校园中的不文明言行以及安全隐患,给出学生具体可行的改进意见,引导学生安全、愉悦地度过每一天的校园生活;导师们与学生们一起动手,做科学小实验,制作精美的 DIY 作品；还有的导师带领学生们诵读经典，跳集体舞，探究书法之美。在活动中，学生们增强了团结精神和合作意识。线上教学期间，导师们通过网络指导学生跳手语舞，唱抗疫歌曲，分享宅家期间的"小确幸"，开展宅家运动，在云端编织"成长守护网"。此外，导师们积极参与学生劳动教育主题活动，指导学生感受劳动乐趣，分享劳动技能，体会劳动不易。

"奇妙农庄"种植课程是学校劳动教育的一个分支，以二十四节气为主轴进行农事轮种。导师带领班级学生在西郊农庄（室内和室外）自主申报一块属于自己的田地，他们为田地取名，种上不同的蔬菜或植物，平日由学生轮流去维护和管理，在田地实践翻土、播种、育苗、移栽等劳动技术，在教室学习《播种的准备工作》《认识农具》《作物 24 节气轮种》等理论知识。和传统的种植活动不一样，学生不再只是将种子埋进土壤中，给它们浇水，而是运用起了数字农庄中的新式"武器"——生长灯和浇灌系统。在导师的指导下，学生学会通过手机上的 App"感知教育"，控制两种新设备的使用，这样即使不在农庄，甚至不在学校，也能在线给植物浇水、供暖！这个神奇的 App 中还会显示种植所需的基础数据，学生通过记录分析相关数据，对植物生长所需要的各种条件有了更深入的思考与认识。夏至当天，在导师的带领下，学生采摘自己的劳动果实。学校食堂将学生收获的茄子、南瓜和番茄做成菜品，学生在教室中分享自己亲手采摘的蔬菜，感受劳动成果带来的快乐。

校级导师们利用"XJ 家长读书会"进行家庭教育指导，耐心引导家长正确认识自己的孩子，采用合适的方法帮助孩子走好成长的每一步，给孩子一个积极、安全、稳定的心理环境。第一期，30 名导航员与导师一起共读《P.E.T.父母效能训练》。每天，导师在打卡小程序中发布昨日总结、今日阅读任务、今日阅读重点以及思考题四个板块的内容，促进家长自行阅读、理解并输出观点。导师适时对家长的打卡内容进行点评并加精选，鼓励家长在小程序中相互交流，形成相互支持的氛围。家长纷纷反馈能用更加科学的角度看待孩子的问题了，对自身育儿行为的觉察增加了，还有家长反馈自己使用新方式后获得的喜悦和感动，给整个团体满满的正能量。

为进一步促进学生以及家庭的幸福成长，班级家委加盟全员导师的队伍，通过生涯教育课程、社会实践等形式，关心学生的身心健康、学习情况、家庭亲子关系，更全面地呵护学生成长。家长导师进入课堂，主题丰富多彩，来自各行各业的家长精心准备了 PPT，让孩子们充分认识各种职业，初步尝试做出职业决策，多方面地锻炼自己、培养自己，为孩子们将来形成强大的职业竞争力打下基础。

四、整合资源，凸显协同育人

（一）与社区联动，建立社区导师工作站

整合社区内红色、教育、文娱、体锻等实践资源，打造"15分钟社区幸福圈"，丰富学生"双减"后的课余幸福生活，建设起"家门口"的社区导师工作站。

学校地处新泾镇，新泾镇水系交织、河道纵横，镇文明办组建了"苏河小泾泠"青少年志愿团队，学校中有许多住在新泾镇的少先队员加入了该志愿者团队，学生在导师和家长的带领下，积极参与志愿宣讲活动，以守护新泾水脉为初心，成为"一江一河"新时代文明实践的重要力量，也是爱水、护水、治水、节水的小能手。此外，新泾镇中泾生境花园也能见到导师带领学生活动的身影，学生在中泾生境花园了解二十四节气传统文化，书写对联，制作蝴蝶汀步装饰花园，通过动手实践感受蝴蝶舞花间的美好春天。

（二）与共建单位联动，建立"生涯课程"实践基地

学校与共建单位上海市公安局警务航空队、上海市星瀚律师事务所、上海市建设银行等开展长期合作，引导学生对未来职业前景和选择进行深入思考。学生在导师的带领下，定期走进上海市公安局警务航空队，近距离观摩直升机。青年民警为学生讲解直升机的不同功能，学生聆听救援故事，掌握安全知识，在参观的同时，不仅感受到了现代航空科技的飞速发展，还感受到了在先进装备背后那颗为人民解忧的责任心，提升了自己的社会责任意识。

（三）与实践基地联动，搭建更多成长平台

学生在导师的带领下参与一系列研学课程，如了解浦江之源、体验劳作活动、走进辰山植物园等，在寓教于乐的研学之旅中释放天性，挑战自我，收获成长与快乐；走进吾舍农场，体验"我是小农夫"、打年糕、磨豆浆、田园游戏等项目，亲近自然，感知自然发展规律，探索自然奥秘，提高社会实践能力和综合素质，增强劳动意识。

五、依托平台，搭建导师体系

（一）开发工作网络平台，提升过程管理效能

在教育数字化转型的背景下，学校积极思考如何通过更为便捷的方式为导师提供记录工作的载体，为相关管理部门提供更为有效的管理和指导渠道。基于这

样的实际需求,学校组建专业团队设计"导师制工作网络平台"。导师可以随时登录"导师制工作网络平台",查看学生的基本信息、家庭教育问卷报告、心理健康问卷结果、学业成绩等,记录自己家访、谈话、书面反馈、个性化关爱内容,不断更新学生的成长档案。而学校管理部门也可通过"导师制工作网络平台"全面掌握全校师生结对情况、导师工作进展情况、学生成长情况。"导师制工作网络平台"为导师制的评价工作提供第一手数据。信息化、数字化的赋能,提升了导师工作的效率以及工作过程管理的效能,为全面、深入开展导师制工作提供了基础性的保障。

(二)探索有效评价模式,促进导师快速成长

有效的评价向来是促进一项工作高效推进以及反思改进的最佳方式。学期末,学校会对导师工作开展评估考核,考核采取定量评价和定性评价相结合的方式。定量评价主要通过"导师制工作网络平台"的各项统计数据来评估导师工作的开展情况;定性评价则通过对受导学生及家长进行问卷调查,对导师的工作方法、工作态度、工作效果等内容进行测评。考核结果不仅是评价导师工作的重要标准,还是学校进行导师培训、提升导师关爱工作能力的重要风向标。学校根据学生及家长的反馈,制定有针对性的导师能力提升计划,促进导师育人能力的快速提升。

经过两年多的实践,全员导师制使学校的德育工作真正落实到每一位教师的身上,促使每一位教师都努力在德育探索中思考、实践,成为德育能手。由于学生自主选择导师,也让导师在育人工作中有更好的基础、更多的信任,更能有效地帮助学生。每一位学生和家长在导师育人的活动中都深深体会到了教师和学校的关爱,道德规范也都在潜移默化中内化为学生思想道德品质,学校德育工作的主动性、针对性、实效性得到了最充分的发挥。

参考文献

[1]王萍.铸就有温度的教育:全员导师制的区域探索[J].现代教学,2021(22):4-6.

[2]刘佳怡,余祯.全员导师制背景下基于"好朋友老师"的育人实践[J].创新人才教育,2023(1):25-28.

[3]杨云.全员导师制:价值立场与路径选择[J].创新人才教育,2023(1):19-24.

[4]张文渊.全员全程全方位 育人育心育成长[J].上海教育,2023(Z1):68.

第五章 特色篇：关注文化 淬炼特色

以素养教育为导向：九年一贯制学校特色课程构建

上海市建青实验学校　罗宇锋　滕芳梅

摘要：素养教育已经成为我国课程改革发展的重要内容，新时代学校教育目标也从"知识论"走向"素养论"。本文介绍了九年一贯制学校如何充分发挥自身学制特点，一以贯之地以素养为导向建设特色课程，重点包括特色课程目标解读、特色课程设置、特色课程实施原则、特色课程评价方法等。

关键词：素养教育　九年一贯制　特色课程

一、研究背景

自 2001 年《国务院关于基础教育与发展的决定》中提出"有条件的地方，可以实行九年一贯制"以来，至 2019 年，全国九年一贯制学校从 13 304 所增加至 17 366 所，且这种趋势还将在一段时间内延续。九年一贯制对口招生无论是从解决"择校热"，提高资源集中程度，还是从优化学校教师资源配置的角度来看，无论是从课程改革的精神考量，还是从素质教育、"五育"并重的需要出发，都是当前义务教育发展的趋势。但是九年一贯制学校在学校管理等方面面临着诸多挑战：如何因地制宜地建设学校文化，发展学校内涵？ 如何办一所学生喜欢、师生共同成长、家长放心的一贯制学校？ ……为了应对这些挑战，学校需要找到一个可以赋能学校发展及学生成长的载体，这个载体要能体现国家长期教育目标、学校文化，能充分调动师生的积极性和主体性，学校特色课程具备实现这些目标的功能。在全面落实国家课程的基础上结合校情建设九年一贯制学校特色课程，充分展现学校办学理念，落实育人目标，使师生都得到全面发展和成长，这是发挥九年一贯制学校巨大作用的关键。

在明确了九年一贯制学校特色课程建设的重要性之后，特色课程建设应该以什么为导向的问题应运而生。我国的课程改革经历了从"双基"到"三维目标"再到"核心素养"的发展历程,每个阶段都是对前者的扬弃和超越。新时代,学校教育目标从"知识论"走向"素养论",从重脑力轻体力走向寻求脑力和体力的均衡发展,从强调师者传道授业解惑到寻求和谐的师生关系和融洽感情,以促进学习者全面的发展。学校以素养教育为导向,提倡五育并举,打造深度学习的场景,培养学生关键技能和必备品格以更好地适应新时代发展是素养教育的现实意义。九年一贯制学校如何充分发挥自身学制特点,一以贯之地以素养为导向建设自己的特色课程是一项挑战,这个问题解决好了,就能充分展现九年一贯制学校的特色,体现九年一贯制学校的育人优势。

二、文献综述

(一)素养教育的研究现状

20世纪前期,罗辀重实施基础教育的综合改革,践行"群、德、体、智、美"五育并重的素养教育,经过数十年的坚持,他在湖南乡村成功实现了近现代"教育的革命"。21世纪,一些国际组织与国家根据自身经济发展需要,提出了核心素养概念,其中,经济合作与发展组织(Organization for Economic Cooperation and Development,简称OECD)提出了用来衡量全球年轻人有关全球议题知识、技能、态度和价值观的测试体系,欧盟也提出了适用于欧盟各国的核心素养,美国提出了21世纪技能,日本提出了21世纪型能力。随着社会的发展,在时代背景之下,我国基础教育界不断改革、发展,从"双基"到"三维目标"再到"核心素养",将教育的宏观理念落地,强调知识的同时注重情景与场景的重要性,注重培养高阶思维能力和非认知能力。

(二)九年一贯制学校特色课程构建的研究现状

刘剑眉认为一贯制学校要发展,首先应当树立正确的教育理念,培养研究型教师,关注学生智能发展中的闪光点;其次应当在教育教学过程中创新教育教学方法,组织和创设多元化的课程体系,满足学生的兴趣,加强学生实践能力的培养;再次应当确保一贯制学校人才培养过程中的经费保障、师资力量、学段衔接等问题;最后应当利用现代信息技术培养人。对K-12教育进行深入研究的美国心理学家、教育学家霍德华·加德纳(Howard Gardner)提倡,学校教育应在尊重个体差异的基础上,利用多元智能促进学科深度理解,通过课程体系调整,培养人格健全发展的、富有创造性的人。21世纪初，我国基础教育实行国家课程、地方课程和校本课程的三级课程管理，经过长时间不断尝试，学校课程体系从一开始零散的状态到现在越来越重视围绕学校育人目标和发展目标的课程建设，提倡结构化、系统化并形成具有学校特色的课程图谱。不过值得注意的是，校本课程所占比例呈缩小趋势：《义务教育课程设置实验方案》中综合实践活动加地方与学校课程总计占九年课时比例的16%—20%，《义务教育课程方案（2022年版）》中劳动、综合实践活动、地方课程和校本课程总计占九年总课时比例的14%—18%，这说明学校校本课程的发挥空间不大，校本课程建设具有挑战性。因此，学校校本课程如何凸显学校特色，浓缩学校课程精华，真正体现学校发展和育人目标是特色课程建设首先要解决的问题。九年一贯制学校如何始终围绕学校育人目标、办学理念贯通式地构建学校特色课程既是机遇也是挑战。

三、以素养为导向的九年一贯制学校特色课程构建

（一）素养教育与特色课程构建的理论基础

斯基尔贝克（M. Skilbeck）于1975年提出"校本课程开发"（School-Based Curriculum Development，SBCD）的课程编制原理，倡导以学校为主体，充分考虑本校学生需求和社区资源，自主编制学校课程，课程要有明确的目标、课程计划的解释与实施以及课程评价。现阶段，我国学校特色课程建设提倡基于国家课程标准并符合学校愿景，适应本校学生发展。因此，基于国家核心素养建设学校特色课程以确保课程建设与国家长期育人目标相一致是学校进行课程建设时首先要明确的方向。我国对核心素养的界定是"学生在接受相应学段的教育过程中逐步形成起来的适应个人终身发展与社会发展的人格品质与关键能力"，具有唯一性、渗透性和整合性，是学校特色课程发展的灵魂，提倡学校教育从"知识传递"转向"知识构建"，有助于打破学科界限，有助于消除碎片化知识传授，有助于解决单纯知识灌输。

（二）以素养为导向的九年一贯制学校特色课程目标解读

上海市建青实验学校为公办十五年一贯制学校，学生年龄跨度从3岁至18岁，经历幼儿园、小学、初中和高中四个学段。一贯制办学，既有学生系统学习和习惯培养的优势，又有生源非择优、学生个体差异较大的特点。学校落实立德树

人根本任务,根据中国学生核心素养的要求和国家课程的总体要求,围绕"孕育希望,谐美青蓝"的办学理念和"建设一所具有思创特色的实验性、开放型学校"的办学目标,基于学校"三段一体"的办学机制和"德行好、基础实、能力强、特长显、视野阔"的育人目标,提倡"五育"并重,打造学校"思创"特色,注重"一体""一贯"和学段特点,形成整体目标和分段目标、分级实施与分段衔接一贯的具有学段特点和学校特色的课程体系,既不断完善体现学校课程丰富性的 JQ(JOINT QUALITY)建青高品质融合课程,又梳理开发形成纵向贯通、横向融合的 JQ IDEA 思创跨学科特质课程。学校对接整体育人目标,以"孕育希望,谐美青蓝"为课程理念,以"创新力""思辨力""规划力"培养为核心目标,培养具有"科学精神、文化自信、终身学习"等价值观念,"乐群、责任、专注"等必备品格,"创新力、批判力、表达力、审美力、规划力、实践力"等关键能力的建青学生,以跨学科、项目化学习为主要方式,关注数学、语言、科技、国际理解、生涯规划等课程内容,建立幼小中一贯的特质课程框架。

(三)以素养为导向的九年一贯制学校特色课程设置

1. 体现学校课程丰富性的 JQ 校本课程

这一系列校本课程由幼小中三个学段的 JQ‐TRY、JQ‐MAP、JQ‐WIN 系列校本课程构成,设置侧重基础学科的外延,以班级授课模式开展,部分课程进行项目化实施,个别学科教学内容跨学科。课程建设充分考虑国家课程和校本课程的融通,是选修课程;同时充分尊重各年龄段学生的发展需求以及各学部自身特色及优势,保证课程开设的丰富性和多样性。表1列出了义务教育阶段 JQ 系列校本课程的设置。

表1　义务教育阶段 JQ 系列校本课程的设置

学段	课程系列	板块	课程
小学段	JQ‐MAP(M‐MENTALITY 多元智能,A‐ATHLETICS 强健体魄,P‐PERSONALITY 发展个性)	艺术俱乐部	布谷歌唱——合唱
			舞蹈精灵——舞蹈
			奏鸣未来——管乐
			形体韵律——形体

续　表

学段	课 程 系 列	板块	课　　程
小学段	JQ-MAP(M-MENTALITY 多元智能，A-ATHLETICS 强健体魄，P-PERSONALITY 发展个性)	艺术俱乐部	墨海弄潮——书法
			印迹有痕——版画
			走近大师——绘画赏析与创作
			聚焦镜头——摄影
			领巾飘扬——鼓号队
		体育俱乐部	手球
			乒乓球
			武术
		国际融合俱乐部	戏剧
			快乐英语
			演讲(中英文)
			小企鹅 AI
			一起·玩建筑
			微笑日记
			财商课程
			小企鹅爱科学
		传统文化沙龙	小记者
			讲故事
			硬笔书法
			课本剧
中学段	JQ-WIN(W-WE 合作意识，I-INTERNATIONAL 国际理解，N-NOVELTY 创新精神)	艺术与健身	手球
			舞蹈

学段	课程系列	板块	课　　程
中学段	JQ-WIN(W-WE合作意识，I-INTERNATIONAL 国际理解，N-NOVELTY创新精神)	艺术与健身	电脑绘画
			合唱
			易拉罐画
			非遗面塑
			美术培养课程
			管乐队
			篆刻
			乒乓
			素描与速写
		科学与创新	信奥
			乐高机器人
			"飞的梦想"航模
			这就是物理
			DI DRAMA
			科学做中学
			智能车挑战
			VR创想
			DI创新思维
		学习与生活	中国模型建筑
			生活中的生命科学
			这就是物理
		国际理解	科普英语

续　表

学段	课程系列	板块	课　程
中学段	JQ-WIN(W-WE 合作意识，I-INTERNATIONAL 国际理解，N-NOVELTY 创新精神)	国际理解	英语公共演讲课
		人文与思辨	新闻观察与写作
			文学名著选读
			英语公共演讲课
		实践与交流	英语配音

2. 体现一贯制学校课程融通的 JQ IDEA 思创跨学科特质课程

JQ IDEA 思创跨学科特质课程是在 JQ 系列校本课程的基础上，梳理和开发形成的纵向贯通、横向融合的以素养培养为导向的特质课程。该课程以素养培养为导向，各学段贯通式开设相关课程活动，课程活动所培养的能力和素养螺旋交替上升发展，目前重点建设"创智·创意·创造"三个主要板块："创智"板块以算法和编程为底层技术支持，"创意"板块以设计和创编为底层技术支持，"创造"板块以调查和实验为底层技术支持，重在高阶思维的培养，重在实践能力的培养，重在实际问题的解决。

表 2　JQ IDEA 思创跨学科特质课程设置

板块	核心力	课　程	幼儿部	小学部	中学部
创智	算法和编程	现代科技	√		
		玩转计算机		√	
		车模		√	
		人工智能			√
		智能车挑战			√
		……			
创智	设计与创编	乐高搭建	√		
		美味生活馆	√		

续　表

板块	核心力	课　　程	幼儿部	小学部	中学部
创意	设计与创编	数字作品创造		√	
		创意制作		√	
		VR 创想			√
		DI DRAMA			√
		……			
创造	调查与实验	科学游戏	√		
		科学亲子嘉年华	√		
		乐高机器人		√	
		"飞的梦想"航模		√	√
		DI 创新思维			√
		……			

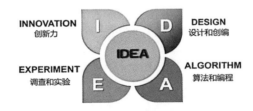

图1　JQ-IDEA 思创跨学科特质课程图谱

四、以素养为导向的九年一贯制学校特色课程实施原则和评价方法

（一）以素养为导向的九年一贯制学校特色课程实施原则

1. 以素养为导向的课程计划先行原则

教师依据学校特色课程框架及目标，整体设计所申报的课程。申报的课程需要考虑校本课程一贯制整体育人目标、所任教年级学生年龄特点，要能满

足需求,激发兴趣,提高能力。每门课程每周 1—2 课时,每学年不超过 68 课时。

2. 以素养为导向的学习场景真实性原则

课程实施应基于沉浸式学习场景,即注重教学内容情景式引入、教学任务跨学科开展、教学进度项目化实施,强调学生设计思维和工程思维的培养,提倡知识产权保护。

3. 以素养为导向的课程实施空间虚实结合原则

课程实施空间不仅仅局限于教室里,应提倡学校建在实验室里,建在图书馆里,课内课外相结合,同时也鼓励线上线下多模态教学,鼓励探究式学习和自主学习。

(二) 以素养为导向的九年一贯制学校特色课程评价方法

1. 以素养为导向的表现性评价

设计符合素养培养的问题,帮助学生在学习时有意识地开展素养培养及提高素养。如是否在知识或技能的某些方面获得进一步提高? 是否在合作学习中提高了动手能力? 是否在学习中提高了沟通表达能力? 是否在学习中提高了算法及编程能力? 是否在学习中提高了自主探究能力? 是否在学习中形成了批评性思维能力? 是否在学习中培养了创新意识? 是否在学习中培养了设计力? 是否能够积极进取,不断进步? 是否在学习中提高了发现问题、分析问题和解决问题的能力?

2. 以素养为导向的过程性评价

设计以素养为导向的过程性评价表,以帮助学生在学习过程中清楚了解需要提升怎样的素养。以"建青护照"国际理解课程为例,详见表 3。

表 3 "建青护照"国际理解课程过程性评价表

核心素养	基 本 标 准	显著标志	分学段达成细则
自我认同素养	1. 认识本地的独特之处,了解本地历史与文化 2. 理解中国历史与文化 3. 建立对中国的认同感与自豪感 4. 愿意为本地、为中国的发展贡献力量		

续　表

核心素养	基　本　标　准	显著标志	分学段达成细则
国际视野素养	1. 了解其他国家或地区历史、文化、习俗 2. 理解不同国家文化的差异性、多元化 3. 尊重不同国家独特的文化、习俗、信仰等 4. 能正确看待不同国家的矛盾与冲突		
沟通协作素养	1. 能够运用中文和至少一门外语进行交流,介绍中国的历史、文化、习俗等,理解对方的意思 2. 能够和小组成员一起分工合作完成任务 3. 掌握交往的基本礼仪与行为规范		

3. 提倡协同学习,鼓励同伴互助评价

设计师生协同的评价表,帮助教师开展师生共评并给学生互评提供参考指标。以"经典诵读"师生协同评价表为例,详见表4。

表4　"经典诵读"师生协同评价表

评价指标	评价内容	自我评价 (30分)	伙伴互评 (30分)	教师评价 (40分)	总体评价 (100分)
诵读情况	积极主动参加诵读课程				
诵读表现	诵读在语调、重音、停顿等方面有特色				
诵读结果	掌握基本的诵读技巧				

五、结论和建议

以素养为导向的九年一贯制学校特色课程构建,根据国家课程总体要求,围绕学校的办学理念、办学目标以及育人目标,整体设计,贯通式培养学生创新力、思辨力、规划力,打造学校"思创"特色,注重"一体""一贯"。在此课程体系中学习的学生在创新力、思辨力、规划力等方面具有较高素养,在一系列相关课程展示、竞赛以及中考综评面试等方面均有出色表现。

目前,学校已完成创新力素养培养课程的贯通式设计和实施,未来学校将会继续以思辨力、规划力等素养为导向,逐步完善建设一系列一贯制思创特质课程,全面提升学生综合能力。

参考文献

［1］周小勇.全球化时代呼唤全球素养教育[J].全球教育展望,2017,46(9):25-36.

［2］佘国纲.罗辀重"素养教育"的思想与实践[J].湖南第一师范学报,2002(3):62-66+87.

［3］钟启泉."核心素养"赋予基础教育以新时代的内涵[J].上海教育科研,2016(2):1.

［4］冯友梅,颜士刚,李艺.从知识到素养:聚焦知识的整体人培养何以可能[J].理论探讨,2021,42(2):5-10.

［5］贺亿.美国 K-12 教育系统转型的四个关键领域[J].上海教育,2023(20):55-57.

银杏特色文化校本课程开发与研究

上海市干巷学校　郁利锋

摘要： 本研究主要应用行动研究法，历时近十年探索了银杏特色文化校本课程的开发，揭示了银杏特色文化校本课程所具有的独特价值，确立了从课程的育人价值出发、从学生的年龄特征出发、从学校的资源条件出发这三大开发银杏特色文化校本课程的原则；形成了以主题关联学科、以载体激发兴趣、以情境支撑活动这三条开发银杏特色文化校本课程的策略；厘清了开发银杏特色文化校本课程的内容，即普及课程、自选课程、创新课程；建立了实施银杏特色文化校本课程的评价方式。

关键词： 银杏特色文化　校本课程

一、问题的提出

（一）如何更好利用乡、校本土文化资源完成立德树人根本任务

深入挖掘本土性、地方性的文化资源，充分发挥蕴含其中的育人功能，是落实立德树人根本任务、"扎根中国大地办教育"的有效途径。然而这些资源如何以符合教育教学和学生身心发展规律的方式发挥作用，是需要研究的教育课题。

上海市干巷学校地处上海远郊乡村地区，所在的吕巷镇银杏文化资源丰富，拥有多株受市、区两级保护的古银杏树。校园里有两棵树龄分别超过 700 和 400 年的宋明朝银杏古树巍然高耸，给人以视觉上的冲击和精神上的震撼。学校围绕银杏打造了一系列富有文化意蕴的校园景观，这些内容如何充分发挥社会主义核心价值观教育、民族精神教育、生命教育等方面的价值，还需要进行教育转化。

（二）如何将学科育人和学校文化育人有机统整

学科育人和学校文化育人均是综合育人的重要途径，学校和教师既要理解学科育人价值，结合学科教学进行育人活动，又要了解学校文化和教育活动的育人内涵和方法。但如何将两者协同起来，共生合力，是颇具挑战性的问题。让学校文化与学科课程共同夯实学生文化基础,促进学生自主发展,提升学生核心素养,需要从整体课程观的视角做好总体设计,通盘考虑,有机整合。

(三)如何为教师专业发展提供动力和平台

课程改革给教师带来新的挑战,对教师提出了更高的专业要求。只注重基础型学科教学,缺乏其他类型的课程设计与实施能力的教师在专业发展的道路上是走不远的。因而,提高教师的课程执行力,引导教师成为学校课程的开发者和实施者,成为学校发展的一大重要任务。学校采用公开招标、任务分配、自主开发的形式,组织教师开发银杏特色文化校本课程,提高教师的课程开发和实施水平。

二、过程与方法

(一)总体思路

建立银杏特色文化校本课程,为创建银杏文化特色学校提供课程支撑,体现学校"扎根中国大地办教育"的精神追求。培养"自强、务实、和合、奉献"的杏品少年,落实"五育融合育人"的要求,也需要相应的课程作支撑,学校围绕"创银杏乐园,育杏品少年"的办学目标,制订《干巷学校课程实施方案》,建立"求真""乐善""尚美"三大课程群,构建完整的干巷学校"真善美"课程体系。

"银杏特色文化校本课程开发与研究"的总体研究思路为:一是分析在银杏文化特色学校的大背景下探索银杏特色文化校本课程开发实施的必要性;二是丰富银杏特色文化校本课程的内容;三是确立银杏特色文化校本课程开发的原则;四是探索银杏特色文化校本课程开发的策略。

1. 研究目标

(1)完善课程体系,促进文化建设。围绕"创银杏乐园,育杏品少年"的办学目标,完善学校"真善美"课程体系,丰富学校"求真""乐善""尚美"三大课程群的内容,建立一门独特的、完善的银杏特色文化校本课程,彰显银杏文化特质。

(2)丰富学习经历,发展学生个性。以课程学习为载体,丰富学生的学习经历,培养学生的人文素养和家国情怀,提升学生的创新精神和探究能力,让学生学会学习、学会生活、学会合作、学会探究,促进学生情感和态度的发展。

(3)促进专业发展,提升教育境界。根据《干巷学校"一校一品"〈银杏〉校本课程实施方案》,以公开招标、任务分配、自主开发等形式组织教师开发系列银杏特色文化校本课程,让教师体验到职业的幸福感和自我价值实现的乐趣,提升教师的教育境界和专业能力。

2. 研究内容

"银杏特色文化校本课程开发与研究"项目围绕研究目标,分解出如下研究内容:(1)银杏特色文化校本课程开发的原则研究;(2)银杏特色文化校本课程开发的策略研究;(3)银杏特色文化校本课程开发的内容研究;(4)银杏特色文化校本课程实施的评价研究。

3. 研究时间

2013年1月开始酝酿项目,查阅与分析情报资料,确立研究方向,设计研究方案。2013年9月正式立项为金山区学校教育科学研究重点项目。自此,研究团队正式开始行动研究,直至2015年12月完成研究任务。

4. 成果实践检验

2013年9月至2015年12月,本着"开发一个科目,实施一个科目"的原则,先后实施银杏特色文化校本系列课程,实现科目从少到多、课程内容逐步完善的目标。

2016年2月至2021年6月,学校全面实施银杏特色文化校本课程。研究成果经过五年半的实践检验,不仅完善了原开发的银杏特色文化校本课程内容,还丰富了银杏特色文化校本课程体系,又开发了新的科目,促进了银杏特色文化校本课程的建设。

(二)技术路线

"银杏特色文化校本课程开发与研究"的技术路线:(1)查阅、分析、整理文献,准确界定项目研究的价值、可行性,以及关键概念的内涵与外延,为行动研究打下理论基础,深化研究目标;(2)采用思辨的方法形成银杏特色文化校本课程开发的总体思路、开发目标、开发原则、开发内容等;(3)开展行动研究,采用"研究—实践—反思—改进—再实践"的行动研究范式,提出具有银杏特色文化的课程方案,并在实施和推进中反思、总结和不断完善;(4)采用过程性评价和终结性评价对银杏特色文化校本课程开发的成效进行评价。

三、成果的主要内容

(一)成果要点

1. 确立了开发银杏特色文化校本课程的基本原则

(1)从课程的育人价值出发。开发银杏特色文化校本课程,要围绕"创银杏乐园,育杏品少年"的办学目标,思考课程的价值,满足学生的发展需求。

(2)从学生的年龄特征出发。根据学生的不同兴趣爱好,校本课程也需循序渐进,按年级设立相应课题。这样,既能适应不同年级学生的兴趣爱好,又能使高、中、低年级的校本课程内容相互衔接,形成体系,更好地促进学生个性和能力的发展。

(3)从学校的资源条件出发。校园里的两棵历史悠久的银杏树、银杏文化景观园、虚拟的在线银杏文化体验馆、实体的互动银杏文化体验馆和杏园艺术沙龙创新实验室,为银杏特色文化课程实施提供了丰富的教学资源。

2. 形成了开发银杏特色文化校本课程的基本策略

干巷学校研究团队受约瑟夫·施瓦布(Joseph J. Schwab)课程的基本要素理论的启发,经过积极实践、大胆探索,形成了基于校园文化开发校本课程的基本策略。约瑟夫·施瓦布指出,课程由教师、学生、科目和环境四大基本要素构成。校本课程开发的过程,就是教师与其他三类要素的互动过程,也就是本校教师创造性地将银杏特色文化与科目、与学生、与环境建立关联的过程。由此,干巷学校确定了基于校本文化开发课程的三条基本策略:以主题关联学科、以载体激发兴趣、以情境支撑活动。

(1)以主题关联学科。一是校本课程围绕银杏文化设置各类主题活动,积极寻求主题与学科知识的融合,以银杏特色文化为轴心,将学校特色资源与健康、社会、语言、艺术、科学等不同学习领域结合起来,如"银杏诗词""银杏文创产品"等,既注重银杏核心要素在纵向上一以贯之,又注重主题与主题间、主题与学科间横向上的联系拓展。二是鼓励各学科教学积极与银杏文化相关联,把学生主题活动作为课程内容的"实践地"和"经验场",或者由学科课程内容派生新主题,例如数学学科中与几何、测量等内容相关的活动逐步演化为银杏古树"量身高""测胸围"等系列主题活动。

(2)以载体激发兴趣。强调从学生生活和学习经历出发,寻找银杏特色文化校本课程开发的链接点和着力点。当前的中小学生作为"数字土著"一代,对电子化的学习和游戏环境,特别是对电子游戏十分感兴趣。学校开发了与游戏一样包含闯关要素的"种下一棵银杏树"智能游戏,要求学生用阅读、答题获得的积分换取银杏种子和银杏生长所需的阳光、肥料等,让银杏长成参天大树,最终收获银杏果实,体现"我和银杏共成长"的理念。

（3）以情境支撑活动。着眼于学校环境的整体功能，将学校环境对学生的濡染作用作为课程建设的重要线索。置身恰当的情境中，学习的知识不再是孤立的、抽象的符号，而是有场景、有情节、有角色的动态实践。学生在情境中，知识镶嵌在情境中，相互依存、紧密联系。课程开发活动某种程度上就是学习环境的创设活动。干巷学校的课程开发始终将学习环境创设作为抓手，例如结合享有"纵贯古今、涵盖中外、超越时空、堪称经典"美誉的银杏文化景观园，开发银杏文化景观园课程，让学生在耳濡目染中逐渐认识和了解中华博大精深的银杏文化。

3. 厘清了开发银杏特色文化校本课程的内容

根据《干巷学校"一校一品"〈银杏〉校本课程实施方案》，开发并创建与银杏文化特色学校相配套的课程，形成银杏特色文化校本课程群，为培养"杏品少年"提供课程支撑。

银杏特色文化校本课程分三个层级，即普及课程、自选课程、创新课程，各层级课程科目部分内容介绍如下。

（1）银杏特色文化校本课程第一层级——普及课程。银杏特色文化普及课程主要包括小学版《银杏》、初中版《银杏》和"杏品育人"每月主题教育活动。例如，初中版《银杏》以不同的主题组织教学内容，内容比较系统，是小学版的深化和延伸。初中版《银杏》科目内容主要分六部分：走近银杏、银杏文化、银杏礼赞、银杏发展、家乡银杏文化、学校银杏文化，供六、七年级学生使用。

（2）银杏特色文化校本课程第二层级——自选课程。银杏特色文化自选课程主要包括"银杏叶创意画""七彩银杏自然笔记""银杏诗文赏析""银杏小导游课程""银杏美食制作""银杏小卫士——现代救护课程""银杏趣闻与传说"等课程。例如，"银杏叶创意画"科目内容主要分八部分：初识银杏叶画、银杏叶画的材料及加工、如何在银杏叶上作画、银杏叶画的选题、银杏叶画几种常用的表现技法、银杏叶画展框制作、银杏叶画欣赏、中国传统艺术绘画与银杏叶画。"银杏叶创意画"按照由浅入深、循序渐进的原则设计，供六、七年级学生选修。

（3）银杏特色文化校本课程第三层级——创新课程。银杏特色文化创新课程主要包括"种下一棵银杏树智能游戏""银杏的价值探究""银杏与长寿的秘密""国内外银杏别名探究""圣树祈愿——编程的奥秘""银杏与《洛神赋图》""银杏文创产品设计""探究'银杏之最'""银杏精神与核心价值观的关联探究"等校本特色课程。例如,"种下一棵银杏树智能游戏"课程,要求学生用阅读、答题获得的积分换取银杏种子和银杏生长所需的阳光和肥料等,让银杏长成参天大树,最终收获银杏果实,体现"我和银杏共成长"的理念;设立"银杏 e 达人"奖,对完成"种下一棵银杏树"游戏的学生授予"银杏 e 达人"奖杯。本课程可供校内外学生共同参与。

4. 建立了实施银杏特色文化校本课程的评价制度

采用过程性评价和终结性评价对银杏特色文化校本课程开发实施的成效进行评价。银杏特色文化校本课程评价工具包括科目学生学习评价表、科目评价表、科目教师活动组织评价表和《干巷学校体验银杏文化通关手册》。

表 1 《干巷学校体验银杏文化通关手册》节选

通 关	活 动 过 程	评 价
第一关 知史	一览:学生进入校园参观前,先浏览《干巷学校体验银杏文化通关手册》(下文简称通关手册)内容,包括"银杏文化简介""银杏文化景观园简介""实体的互动银杏文化体验馆简介""虚拟的在线银杏文化体验馆简介""银杏艺术沙龙简介",初步了解银杏文化知识。 一答:学生浏览结束后,根据通关手册要求开展银杏知识问答	完成浏览及知识问答,答题完全正确的可荣获"杏园百晓生"荣誉称号
第二关 观景	一观:学生在银杏小导游的带领下,参观银杏文化体验基地并打卡,参观打卡顺序依次为银杏文化十二景观园、银杏艺术沙龙、剑园、杏园探究实验区、杏园篆刻室、银杏文化体验馆。 一影:学生在参观过程中,与最喜欢的银杏景观合影,通过拍立得打印照片,张贴在通关手册上	完成打卡及拍照张贴后,可荣获"杏园新霞客"荣誉称号
第三关 品韵	一行:学生可选择两到三项自己感兴趣的活动,前往相应体验地点开展实践活动并打卡,活动项目包括应奎诗会(银杏文化景观园,诵读银杏诗词);银杏叶画(艺术沙龙,创作银杏叶画);金石乐印(篆刻室,体验篆刻);植树祈福(银杏文化体验馆,线上种下一棵银杏树、圣树祈福);杏园导游(银杏文化景观园,模仿小导游介绍银杏景观)。 一得:学生在实践活动结束后,在体验基地留言墙上留下简要心得体会,或在通关手册上撰写实践体会	完成实践及体会后,可荣获"杏园乐行者"荣誉称号

学校为完成银杏特色文化校本课程学习任务的高年级学生组织体验银杏文化通关活动,对完成通关考核的学生授予"杏园百晓生""杏园新霞客""杏园乐行

者"荣誉称号。

5. 推动了学与教方式的变革

在推进银杏特色文化校本课程的实施过程中,银杏文化及银杏的自然、和谐、开放等生态原理逐渐浮现,成为干巷学校课题组思考课程实施的基础。为了将自主自强、和谐共生、动态开放的银杏特色学校文化融贯到课程实施和课堂教学中,银杏特色文化校本课程的实施确定了课堂教学改革的基本方向,即构建生命发展的自主性课堂、密切合作的共生性课堂、动态生成的开放性课堂。

(1)自主性课堂承认学生是有生命活力、思想情感和兴趣爱好的生命个体,课堂教学重视学生的生命存在和生活体验,促进学生生命的整体发展,承认和尊重学生的自主性。

(2)共生性课堂认为教师和学生是一种相互依存的共生关系,没有了学生,也就无所谓教师,没有了学生的发展,教师的劳动也就失去了价值和意义,反之亦然。共生性课堂还需要重新塑造学生和学生之间的关系,避免过度强化同伴间的不良竞争,突出合作共赢的意义。

(3)开放性课堂强调课堂自身不是自足的、孤立的,而是与外界依存的、联系的。校本课程的实施过程向学校管理者,向教师同行,向包括家长在内的关心学生发展的主体开放。银杏特色文化校本课程不是将知识以脱离现实生活的书本化的形态传递给学生,而是将知识带回"生活世界",以鲜活可用的方式帮助学生理解、运用和创造。

(二)创新价值

1. 探索了利用好乡、校本土文化实现学校育人目标的成功模式

银杏文化是干巷学校独特的教育资源,学生看得见、摸得着、感受得到。学校根据"创银杏乐园,育杏品少年"的办学目标和《干巷学校"一校一品"〈银杏〉校本课程实施方案》,开发了一门具有理论支撑,融入鲜明办学思想,独特的、完善的银杏特色文化校本课程,在课程目标、课程内容、课程实施、课程评价及其动态管理等各环节,彰显银杏文化特质,为创建银杏文化特色学校提供了课程支撑。所以说,植根于自己土壤的银杏特色文化校本课程不仅符合立德树人的教育宗旨,还具有鲜明的学校特色,且承接了学校的"地气"。

2. 提供了基于学校特色文化开发校本课程的鲜活案例

本研究研究过程受约瑟夫·施瓦布的课程理论启发,确立了基于学校特色

文化开发校本课程的基本策略,即"以主题关联学科""以载体激发兴趣""以情境支撑活动"。学校依据区域特点、学校特色和教师特长,不仅采用公开招标、任务分配、自行开发等多种形式开发银杏特色文化校本课程,还采用过程性评价和终结性评价对银杏特色文化校本课程开发实施的成效进行评价,这为学校、教师开发校本特色课程提供了可借鉴、可复制的鲜活案例。

3. 彰显了银杏特色文化校本课程的价值

银杏文化是中华优秀传统文化的重要组成部分。银杏蕴含着中华民族的文化,展现着中华民族坚忍不拔、质朴无华、友邦善邻、多予少取的精神。开发银杏特色文化校本课程,弘扬了博大精深的银杏文化,增进了师生对中华优秀传统文化和学校文化的认同,增强了文化归属感,厚植了师生的家国情怀,践行了立德树人的教育宗旨。

四、效果与反思

(一)研究效果

1. 丰富了学校课程体系和内容

学校"真善美"课程体系由"求真""乐善""尚美"三大课程群组成,"求真"育智慧,"乐善"育精神,"尚美"育气质,培养"真的追求者""善的传播者""美的创造者"。"银杏""银杏叶创意画""七彩银杏自然笔记""银杏诗文赏析""银杏小导游课程""种下一棵银杏树智能游戏""银杏的价值探究""银杏与长寿的秘密""圣树祈愿——编程的奥秘""银杏文创产品设计""国内外银杏别名探究""银杏与《洛神赋图》"等银杏特色文化校本课程的开发和实施,丰富了学校课程内容,为践行"杏品育人"提供了重要的课程载体。

2. 促进了银杏文化特色学校建设

学校把银杏文化融入办学思想、课程建设等各个方面,形成比较完整、系统的特色学校创建体系,用"银杏梦"统一价值认同,用"银杏魂"激励师生成长,用"银杏课"培养核心素养,用"银杏景"濡染师生情操,促进了银杏文化特色学校建设。银杏特色文化校本课程被列为上海市首批百门"中国系列"课程,荣获金山区创新实验室(人文类)课程评比一等奖,还被列为金山区"一校一品"特色校本课程,收录金山区课程网供全区中小学共享。银杏文化景观园荣获"上海市普教系统社会主义核心价值十佳校园新景观"称号,并在市教委举行的"阅读建筑,学习'四史'"微视频征集展示活动中荣获"环境育人奖""最受师生喜爱作品奖"。

3. 增强了学生对中华优秀传统文化的认同感

银杏特色文化校本课程以学生喜闻乐见的方式,借助具体、可感、生动、有趣的表达,通过学生的感受、体验、操作、创造浸润学生的心灵,让学生获得自信、自尊,提升人格素养,增强学生对民族和家园的认同感和归属感。学校积极发挥银杏特色文化校本课程的教育功能,使银杏特色文化校本课程成为"杏品育人"的教科书,成为传播中华传统文化的新平台,成为干巷杏子"快乐体验,播种梦想"的大舞台。"杏品育人,践行教育宗旨"项目获得了上海市中小学德育"创新实践奖"。

4. 锤炼了一支开发校本特色课程的骨干教师队伍

(1) 唤醒了教师的课程文化自觉意识。教师既是银杏特色文化校本课程的开发者与实践者,又是中华银杏文化的传承者与创新者。教师把银杏特色文化校本课程的开发作为文化传承的一种媒介,通过对银杏文化和现实生活世界价值的重新判断,使教师从价值无意识状态中摆脱出来,全面认识中华银杏文化。

(2) 提升了教师开发校本课程的能力。实践表明,教师开发校本课程,不仅需要相关的知识,而且需要相关的心智技能,而心智技能只能在实际的校本课程开发实践中得到锤炼与提升。教师根据本研究项目探索出的开发银杏特色文化校本课程的原则、策略等成果,从无意识状态向全面认识和积极开发转变,提高了教师开发校本课程的实践能力,同时也为其他教师开发校本课程提供了可借鉴、可复制的鲜活案例。

(二)未来研究的思考

"银杏特色文化校本课程开发与研究"取得了显著的研究成效,但在项目研究的过程中,也遇到了一些问题,引起了项目组成员的思考。校本课程还需进一步增强时代特征,增加前沿科学相关的内容,如银杏综合开发利用、银杏细胞和组织培养等,进一步推动校本课程与基础学科教学的融合。各基础学科内容中蕴含着大量的显性或者隐性的银杏文化的内涵,需要学科教师充分挖掘教材,把银杏文化有目的、有计划、有步骤地渗透到课堂教学中去。学科教学落实银杏文化教育要从教材的实际出发,使学科教学与银杏文化教育水乳交融,实现"无缝对接",让学生受到深刻的银杏文化教育,磨出"水滴石穿"的"滴水功"。

参考文献

［1］张东娇.论学校文化与校长领导力[J].教育科学,2015(1)：22－25.

［2］丁敏,张锐.新课程背景下的学校文化建设策略[J].当代教育科学,2015(8)：27－29＋36.

［3］陈万钟,肖著华.建设银杏文化校园实践"三观"育人主题[J].时代教育,2015(16)：21.

让每一个孩子渡向美好的未来

——西渡学校"摆渡者"校本
课程群的建构与实施

上海市奉贤区西渡学校　高安平　夏艺　赵丽

摘要： 学校基于"渡远教育"办学思想，依据校情、学情，建构"摆渡者"校本课程体系，包含六大类课程：渡心课程、渡语课程、渡思课程、渡创课程、渡美课程、渡健课程等，以落实"五育并举"的教育方针，实现学校"向上、向学、向善"的育人目标。学校在校本课程实施中，挖掘校内外有效资源，提升课程效能；依托课后服务课程，拓宽多样化实施路径；借助多维评价方式，优化校本课程内容、教师实施过程、学生素质发展评价方式，有序推进校本课程群实施。

关键词："摆渡者"校本课程　建构　实施　评价

上海市奉贤区西渡学校是一所九年一贯制学校，地处奉贤北大门，黄浦江南岸。二十多年来，学校注重打造学校特色文化，追求办学品质，走创新发展之路；聚焦核心素养培育，培养各学段学生适应终身发展和社会发展需要的必备品格和关键能力；从校情、学情出发，结合上海市课程领导力行动研究项目实施，建构"摆渡者"校本课程群；借助九年一贯制学校的发展优势，在课程设置上按年段划分，培养目标由低到高循序渐进，以满足不同年段学生的学习需求，为学生提供更加全面的学习机会，助力每一个学生的健康成长。

一、课程建构融入办学理念

（一）政策实施背景

2014年3月教育部发布了《关于全面深化课程改革落实立德树人根本任务的意见》，进一步明确推进立德树人工作的关键是要找准切入点。培养学生核心素养的任务最终应该落实到课程实施中,因为课堂教学是课程实施的主阵地,是学生感知和探索学科核心素养的根据地。因此,学校在有序实施国家课程的基础上,要凝聚全校力量建构符合学生发展和需要的校本课程体系。

(二)学校发展背景

从学校课程现状来看,学校在保证开齐开足国家课程的前提下,开发了几十门校本课程,但有些校本课程缺乏整体规划,只是数量的累加,缺乏基于学校办学思想和办学理念所提出的课程理念;校本课程的关联性和结构性欠缺,校本课程建设与教学有效性的提升缺乏联系。

近五年,学校借助市强校工程项目和市提升中小学课程领导力行动研究(第三轮)项目的实施,依托市级优质资源和专家团队的全程专业指导,在原有办学思想和"三风一训"的基础上,重新梳理富有学校个性的办学思想和办学理念,重构适合九年一贯制学校的校本课程体系。

学校立足学校所处的西渡地区文化解释自身含义:据《说文解字》解,"渡"字,济也;篆文 㳡 = 㳇(水,河水)+ 度(度,越过),即表示过河,将"渡"字文化作为学校办学思想内涵,即寓意着学校犹如一艘大船,将一代又一代的学生从此岸渡向成功的彼岸。

在此基础上,学校丰富并优化了原有校本课程,既兼顾了培养学生要达到的关键能力,又兼顾了年段学生素养的纵向推进,建构了以"渡远教育"办学思想为核心的"摆渡者"校本课程群。

二、课程结构落实五育并举

(一)课程开发与管理机制

从学校师生的具体情况出发,以师生共同成长为前提,构建科学精细管理机制,推行人文管理体系,创建和谐平安、积极进取校园氛围。学校成立课程管理委员会,成员包括校长、分管校长、教导主任、科研室主任、德育处主任及各教研组长,负责学校校本课程的总体规划和管理,详见图1。

(二)设置课程内容

1. 国家课程:贯彻目标

按上海市课程计划设置,基础型课程是全体学生的必修课程。

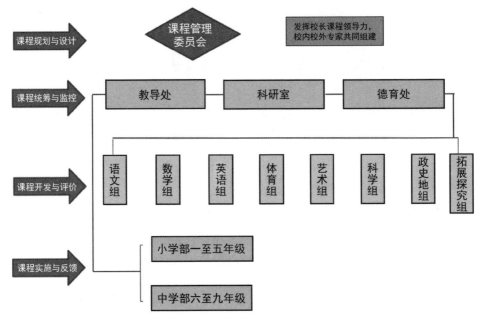

课程规划与设计 → 课程管理委员会　　发挥校长课程领导力，校内校外专家共同组建

课程统筹与监控 → 教导处　科研室　德育处

课程开发与评价 → 语文组　数学组　英语组　体育组　艺术组　科学组　政史地组　拓展探究组

课程实施与反馈 → 小学部一至五年级　中学部六至九年级

图1　校本课程总体规划和管理体系

2. 校本课程：落实理念

学校按学科核心素养培养目标，在课程设置时，遵循由小学低段、中高段到中学高段，建构"摆渡者"校本课程群，分设以下六类课程，循序渐进地培养学生的综合能力。

（1）渡语课程。通过课程的学习，丰富学生的语言积累，培养学生的语感，发展学生的思维，使学生具有适应实际需要的识写能力、阅读能力、写作能力、口语交际能力。

（2）渡思课程。通过课程的学习，引导学生运用逻辑思维方式观察、分析现实社会，解决日常生活中和其他学科学习中的问题，训练学生思维能力，提升学生思维品质。

（3）渡心课程。坚持立德树人根本任务，培育和践行社会主义核心价值观，立足渡远教育，注重全面育人，成就德智体美劳全面发展的"渡远"贤少年。如学校依托"渡口文化"校本读本，发挥文化育人、课程育人和实践育人功能；通过"渡口文化"书衣制作、"美丽渡口"速写、"我和导师诵贤人"等主题活动，增强学生对"渡口文化"的了解；通过"渡口文化"小课题研究，参观李家阁、雷锋精神传习馆和益民村村史馆等学生社会实践基地,参加志愿服务等社会实践,寻访"渡口贤人",提高学生综合素养。学校针对不同年级学生特点,开展纵向衔接的年段活动,在知、行、学、做中深入了解"渡口文化",宣传"渡口文化"。

(4)渡健课程。鼓励学生积极参与自己喜欢的体育活动,帮助他们重新树立体育是提高身体素质的理念,掌握自主锻炼的科学方法,为终身体育打下基础。如学校借助外部资源开设了"旋风"足球、"劲风"篮球、"擎风"击剑、"春兵"跆拳道等俱乐部;建立了校足球队、篮球队、跆拳道队、击剑队、机器人马球队等特色社团,足球、篮球、跆拳道项目均获区"品牌计划"优秀项目。

(5)渡创课程。成立飓风机器人俱乐部,组建了以"机器人"为核心的"1+5"科技特色项目。通过课程学习,培养学生的创新精神和实践能力,提高学生的科技素质和创新能力,把握科学本质,养成科学精神,全面培养和提高学生科学素养。校本课程"飓风机器人"已连续三届获区特色校本课程;学生社团"飓风机器人""未来发明家"和"航空运动"获区"品牌计划"优秀项目及区学生活动节优秀社团。

(6)渡美课程。通过课程学习,学生在参与艺术表演、艺术欣赏的过程中,提高审美能力和艺术修养,增加想象力和观察力。学校重视学生艺术教育,大力提倡"以美育心,以美育德",陆续开展了"石英砂画""花语手工""创意服饰"以及古筝和陶笛等绘画、工艺和器乐类艺术项目;陶笛和"创意服饰"获区"品牌计划"特色项目。

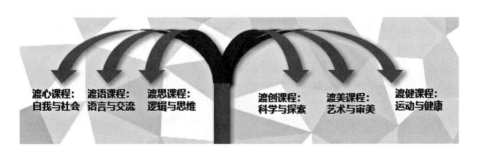

图2 "摆渡者课程"结构

(三)架构立体课程

"摆渡者"校本课程根据课程标准将一至九年级分为四个学段:第一学段(一、二年级),第二学段(三、四年级),第三学段(五、六年级),第四学段(七、八、九年级)。一、二年级以"兴趣"为课程建设目标,目的是让学生通过掌握基础知识建立学习兴趣;三、四年级以"规范"为课程建设目标,目的是让学生通过掌握基础知识形成规范表达;五、六年级以"能力"为课程建设目标,目的是让学生对自己的学习能力形成初步技能;七、八、九年级以"实践与创新"为课程建设目标,目的是让学生在已有的能力基础上,借助与生活的联系,将所学变所用,详见表1。

表1　一至九年级"摆渡者"校本课程

年级	渡心课程	渡语课程	渡思课程	渡创课程	渡美课程	渡健课程
一年级	道德讲堂、月月争锋、习惯养成、探秘之旅	欢唱英语、故事大王、字母巧记	口算接龙、火柴拼盘	巧手剪纸、折纸彩画	简笔成画、水彩世界	炫动足球、黑白对弈、剑起风云
二年级	传统节日、校本节庆	童谣传唱、绘本演绎	手指数学、七巧拼图	灵动折纸、植物识别	舞彩飞扬、刮目相看	国际象棋、炫动足球、赤手空拳
三年级	贤文化、民防之旅、本土节日	经典咏流传、音标识读	24点竞技、理财能手	奇思巧手、飓风机器	笔墨飘香、纸盘风景	灌篮高手、楚河汉界
四年级	心灵驿站、志愿之旅	国学讲坛、故事荟萃	玩转魔方、纸牌搭高	信息入门、创意吸管、盆景制作	百灵婉转、等等日上	急救能手、跆拳霹雳、炫动足球
五年级	红色之旅、毕业典礼	美文美读、快乐写作	数说天下、数独竞赛	自然笔记、卡通制作	手绘临摹	乒乒乓乓、羽众不同
六年级	贤文化、渡口文化、国防之旅、入学仪式	唐诗意象、中外节日、戏剧配音	科学巨匠	绿色生命、缤纷花卉、走进非洲	轻盈手拍、口琴悠扬、花语绘画	灌篮高手
七年级	研学之旅、锄禾之旅、换巾仪式、入团仪式	诗经吟诵、现代诗歌	智慧学习、神秘化学	文明人物志、精彩幻灯片、木艺DIY、植物标本制作	欢乐十字绣、走进陶艺、花语手工	炫动足球
八年级	志愿之旅、民防之旅、十四岁生日仪式	《红楼梦》初探、英语衡水体书写	有趣的几何图形、磁性物理	揭秘历史人物、植物摄影	机器人、啦啦操	机器人马球、花样跳踢
九年级	初高衔接生涯教育	励志演讲、分级阅读	活动数学、趣味实验	初级编程	制作食谱	铁人四项

三、课程实施彰显校本特色

校本课程依据不同学段不同课程内容、课程目标,采用适宜的、多样的实施方式,丰富课程资源,挖掘教师潜力,优化学生学习方式,促进校本课程多样化实施。

(一)有效利用资源,提升课程效能

在校内资源利用方面,学校加强专用教室建设,鼓励专用教室和实验室管理员思考、设计适应一至九年级学生差异、服务学生个性化发展的良好学习环境。学校合理规划操场和体育场馆的使用,科学落实一至九年级每天体育锻炼一小时的规定;充分利用教师的特长,开展校本特色微型课程或教学专题研究,拓宽学生知识面,丰富学校课程内容。如学校"七彩苗苑"是科学与生命科学教研组联合少先队成立的校内一至九年级学生课堂实践基地,教学内容涉及从传统的农业种植到物联网控制下的生态课堂,从植物识别到实践操作,学生通过"七彩苗苑"的生态课堂的探究与学习,在市区级比赛中获得佳绩。

在校外资源利用方面,学校充分挖掘和利用校外教育基地所提供的教育资源,与社会实践相结合开发设计各年级相关课程,如利用金港村校外劳动基地实施劳动课程;利用西渡街道的李家阁、"渡口文化"研究基地、雷锋精神传习馆、益民村村史馆等基地开展民族精神教育和爱国主义教育;合理开发周边社区资源,与新南居委、兰新居委文明共建结对,定期开展文明社区创建、垃圾分类、"娃娃楼长"等志愿服务活动,为学生提供多样的课程资源。

(二)依托课后服务,发挥教师潜能

学校深入领会教育政策,在教育实践中扎实推进"双减"政策、"课后服务5+2"、"五项管理"工作。全面贯彻落实课后三段式服务,力求做到"愿留尽留";开发利用对课后服务有利的一切资源,开设20多门科技、体育、艺术、实践类课后服务特色课程,如足球、模拟航空、少儿模特、中国画、陶笛等,进一步丰富了学生课余生活,优化了学生在校时间,满足了学生德智体美劳全面发展,从而提升学生学习素养和品质,助力学生健康快乐成长。现有1位区特长教师和1位区特色教师在课后服务中开设了足球社团和"未来发明家""航空运动"校本课程。

四、课程评价倡导多维并行

（一）对校本课程内容的评价

对校本课程内容的评价由学校课程建设领导小组、教导处、德育处和各教研组共同参与。学校采用对各类课程学生问卷调查、座谈会互评、学生课题成果交流、教导处或者教研组听课反馈等方式综合评定，重点关注各学段校本课程内容与学生认知水平的匹配程度和不同学段校本课程内容衔接的连贯性。

（二）对教师实施课程的评价

对教师实施课程评价的方式有：设基本参与奖，奖励课程实施规范、课时开足、能够坚持认真开展活动的教师；设科目方案优秀奖，奖励科目方案编写认真、规范、有特色的教师。期末开展拓展型课程成果展示评比活动，以作品展示和表演汇报的形式展评，选取优秀作品，评出等第。

（三）对学生发展的评价

1. 立足课堂学生表现情况，进行多维性评价

（1）自我评价：教师确立评价项目和评价方法，由学生对自己在课堂活动中的表现进行自我评价。

（2）相互评价：可以是同桌之间、小组之间，通过多种途径进行交流与评价。

（3）教师评价：由教师通过观察、交流、学习过程中的情况记录，以及各种形式的问卷、多种形式的作业以及书面考核等对学生进行评价；教师根据每个学生参加学习的态度进行评价，可分为优秀、良好、一般、较差四个等级，以此作为"优秀学生"的评比条件。

学生成果可通过实践操作、作品鉴定、竞赛、评比、汇报演出等形式展示，并将其成果记入学生成长记录册。

2. 立足综合素质评价标准，进行表现性评价

学校依据《上海市初中学生综合素质评价实施办法》，以发展性评价和过程性评价为指导，制定《上海市西渡学校学生综合素质评价实施方案》，将学生一学期内进行的限定拓展型课程、自主拓展型课程、探究型课程等课程学习情况，心理健康教育活动、艺术活动情况，探究学习或创新活动情况，科技活动情况记录在《上海市学生成长记录册》中，年级组、德育处每学期期末对记录情况进行检查和反馈，并将学生记录的收获和评价作为课程完善与调整的依据。

3. 依托社会实践手册,进行过程性评价

为进一步指导学生参与社会实践活动,学校开发并制定了《西渡学校社会实践活动手册记录本》,学生通过记录自己一学年在社会考察、公益劳动、职业体验、安全实训等方面的活动内容和自我评价,对参与的相关校本课程进行反思。

五、成效与展望

(一)课程体系的完善

学校建构了以"渡远教育"为办学思想的校本课程体系——"摆渡者"校本课程群。按学科核心素养落实不同学科的培养目标,按各年级段划分,分设了培养语言与交流的"渡语"课程、培养思维与逻辑的"渡思"课程,培养文化与传承的"渡心"课程,培养运动与健身的"渡健"课程,培养艺术与审美的"渡美"课程,培养科学与创新的"渡创"课程。学校以校本课程的构建和实施为抓手,促进了九年一贯制学校整体持续健康发展。

(二)五育并举的渗透

学校不断完善学校课程方案,优化设计学校"摆渡者"校本课程体系和"渡口文化"校本课程的实施路径;立足"五育并举",培养学生的语言与交流、逻辑与思维、运动与健康、艺术与审美、科学与创新能力,使学生在学习课程的过程中传承与发扬中华民族传统文化,让生命舒展、绽放。

(三)教师课堂的提升

学校通过各种形式对教师课程实施能力进行评价,如由学生、教研组长、学科带头人、行政人员对教师的课堂教学进行评价;每学年组织课堂教学评优及展示活动,在交流学习的过程中对教师课堂教学进行评价。多样的评价体系和深入广泛的交流分享促进教师课堂水平和专业能力的提升。

(四)学生学习、思维方式的改善

在课程建设实施过程中,教师教学目标的确定和教学环节的设定,始终以培养学生有根据的思维、有条理的思维和有深度的思维为标准。学生在师生互动、生生互动、生本互动中进行思考、质疑,提升发现问题、提出问题、分析问题、解决问题的能力;学生在具体的情境任务中通过自主学习、协同合作的方式解决生活中的实际问题,体验知识的力量和学习的成就感。

2022 年,教育部印发《义务教育课程方案和课程标准(2022 年版)》,对 2011 年制定颁布的现行义务教育课程方案和课程标准进行了修订和完善。修订后的课程标准优化了中小学课程内容结构,研制了学业质量标准,增强了指导性,明确了义务教育阶段各学科核心素养具体要求和跨学科主题学习要求。校本课程体系作为基础性课程的延伸和补充,要严格遵循国家课程方案和课程标准,学校应及时对标调整。

　　九年一贯制学校课程体系的实施,为各学段学生提供了更加全面的学习机会,确保所有学生依据自己的兴趣爱好和能力特长,选择适合自己的课程,更好地发挥自己的优势,持续不断地提升自己的综合能力。

　　渡远教育,让每一个学生渡向美好的未来,渡向成功的彼岸。

参考文献

[1]金京泽.课程领导的上海探索[M].上海:华东师范大学出版社,2020:52-55.

[2]上海市教育委员会教学研究室.学校课程计划编制实践指南[M].上海:华东师范大学出版社,2013:3-21.

[3]韩艳梅.课程图谱[M].上海:上海教育出版社,2019:56-80.

[4]张慧群.学科核心素养与学科课程群[M].上海:华东师范大学出版社,2019:189-206.

[5]杨龙.以素养为核心的学科课程图谱[M].上海:华东师范大学出版社,2019:1-22.

素养导向下的艺术教育实践

上海市虹口实验学校　温静

摘要：上海市虹口实验学校以"把百姓的孩子高高举起，让每一个孩子更优秀"为办学理念，开展"双减"背景下九年一贯制学校艺术教育路径建构的实践研究。坚持素养导向，校内校外融通融合，线上线下同步推进，家校社携手共育艺术教育，从而实现以美育人、以美化人、以美润心、以美培元。

关键词：素养导向　艺术教育　馆校联动　家校社协同共育

一、艺术教育的实施背景

（一）政策引领，重视艺术教育课改

艺术教育是美育的重要组成部分，核心在于弘扬真善美，塑造美好心灵；是一支重要且独立的育人力量，旨在落实立德树人根本任务，培育核心素养，促进学生全面发展。自党的十八大以来，党和国家高度重视艺术教育工作，习近平总书记在全国教育大会上强调，要全面加强和改进学校美育，坚持以美育人、以文化人，提高学生审美和人文素养。一方面，国家层面先后发布规范艺术教育的政策文件，即《关于进一步减轻义务教育阶段学生作业负担和校外培训负担的意见》《教育部等十三部门关于规范面向中小学生的非学科类校外培训的意见》《教育部办公厅等四部门关于在深化非学科类校外培训治理中加强艺考培训规范管理的通知》等，从而不断夯实艺术教育主阵地，拓展校外艺术教育引入渠道，深化校内校外艺术衔接的规范性，为艺术教育的学校实践指明方向。另一方面，为了更好地彰显艺术教育的独特育人价值，教育部颁布了《义务教育艺术课程标准（2022 年版）》，充分汲取了 21 世纪以来基础教育课程改革取得的成就，以及音乐、美术、综合艺术等艺术课程积累的宝贵经验，坚持守正创新，深化课程改革，让艺术新课程具有鲜明的时代性和新的突破。详而言之，艺术新课程以音乐、美术为主线,有机融入舞蹈、戏剧(含戏曲)、影视(含数字媒体艺术)等内容,增强课程的综合性和实践性,强化课程育人的整体性和系统性,体现核心素养导向、内容结构化、课程综合化等特征。这些政策文件的颁布为学校深化艺术教育改革、提升艺术教育质量、满足学生多样化的发展需求等奠定了坚实的基础。

(二)办学理念,推崇艺术教育实践

一所学校的生命力和创造力,源于对学校优秀文化的弘扬和办学理念的延续。上海市虹口实验学校秉承"把百姓的孩子高高举起,让每一个孩子更优秀"的办学理念,在"有教养,爱学习,会健身,懂欣赏,能合作"培养目标的指导下,不断深化美育的实践探索,突破美育的实践瓶颈,以期达到以美育人、以美化人、以美润心、以美培元的育人初衷,促使学生在健康向上的审美实践中感知、体验与理解艺术,逐步提高感受美、欣赏美、表现美、创造美的能力。具体而言,学校基于审美感知、艺术表现、创意实践和文化理解等艺术核心素养,主张要在具体的审美对象即实践情境中培育核心素养,要在具体的审美过程和艺术实践中获得成长,这意味着学校需要持续优化艺术教育课程内容,持续探索多样化的教学空间,持续采用个性化的教学形式,从而实现教学、活动、实践融为一体,实现校内校外、线上线下有机融合,丰富艺术教育内涵,助推学生走进艺术殿堂,提升综合素养。为了全面提升学生思维能力和综合素养,帮助学生养成健全人格,学校依托相关政策,结合具体校情、生情,科学推进学校艺术教育的发展,深度挖掘艺术教育的内涵,全面升级艺术教育的内容,拓宽艺术教育的空间,整合艺术教育的资源。

1. 多元主体共同参与

学校的艺术教育内容涵盖了课程、活动、环境等多方面,为了使每项课程内容达到最佳教育效果,我们充分发挥多元主体协同教育的作用,不仅邀请高水平的艺术大师为学生授课,还邀请对艺术有热爱有追求的家长共同组织、参与各类艺术教育活动,从而使学校、家庭、社会三方不仅能形成艺术教育的有效合力,建立家校社共育机制,还营造更为浓厚的艺术氛围,为每个学生健康且全面的发展提供智力支持。

2. 多方资源整合实施

为了进一步挖掘艺术的内涵,拓宽艺术的边界,继而加强师生对艺术的理解,提升艺术综合修养,学校尝试整合区域多方优势资源。一方面,尝试将艺术与各类场馆、艺术与社区、艺术与人文等进一步融合,以丰富学生的体验,开阔学生的视野,培养学生的综合能力;另一方面,尝试通过探索对全体学生开展艺术教育的路径,切实提升学生艺术素养,完善学生人格,促进学生全面发展,并在教育过程中发现有艺术潜能的学生为其提供更宽阔且更适切的学习空间。通过校内外教育的深度融合,学生在丰富的教育资源中走近艺术教育,走进艺术殿堂,徜徉艺术世界。

3. 多种方式灵活推进

为了让艺术教育深入人心,让艺术教育特色更为彰显,学校灵活采用多样化的教育形式。一是在线下,既有专业的讲座加深学生的理解,又有自由的舞台使学生充分展示,还有特殊的课堂让学生和家长共同学习,更有高质量的论坛开拓学生的视野。值得强调的是,学校为了更新艺术教育的教育理念和教学形式,积极探索艺术与其他学科融合的实施路径,以期形成富有学校特色的艺术教育,让艺术教育成为学生成长历程最耀眼的光芒。二是在线上,学校打破时空限制,破解青少年无法直接走进博物馆和教育场馆的现实困境,让学生与博物馆的海量艺术资源云相见,让学生在云参观中认真鉴赏和品味,从而有更充分的时间去感受美、欣赏美、创造美。

二、艺术教育的实施路径

(一)校内校外融通融合

为保证"双减"政策持续落实、长期坚持、提质增效,学校积极统整校外资源,让学生得以享受更为广阔的艺术教育空间,体验更为丰富的艺术教育内容,建构更为立体的艺术教育世界。校内教育活动是在学校内进行的教育活动,包括课堂学习、课外辅导、校内科技竞赛等活动。毋庸置疑,校内不仅是学生学习艺术教育的主阵地,更是学生掌握知识技能、培育创新精神和实践能力的重要空间,以及提高人文素养、增强审美能力的重要途径。与之相对应的校外教育活动则是在校外进行的学习活动,包括参观博物馆、美术馆、图书馆等文化场馆,参加社会实践、社区服务等活动。校外教育活动是校内教育活动的有益补充,能够更好地满足学生多元的个性化需求。两者之间的融通融合主要体现在资源方面的共建共享,从而更好地实现育人目标,提升学生艺术学习的品质,激发学生艺术学习的兴趣,以及培育学生的艺术创造力和社会责任感。

1. 聚焦校内艺术教育实践

学校秉承"让每一位学生像艺术家一样思考与行动"的教学理念,积极围绕艺术教育新课标,研发艺术类学习课程,并在教学实践中不断更新与优化艺术类学习课程。我校的艺术类课程有两类:一类是按照课标要求,面向全体学生的常规普及型艺术课程;另一类是按照学生个人兴趣与潜力,面向部分学生的特色发展型艺术课程。此外,依据学生学段差异和个人差异,学校对特色发展型艺术课程进一步细化为兴趣型、素养型、能力型三类课程(详见表1),从而让每个学生都能学习到满足自身发展需求的艺术课程。

表 1 虹口实验学校艺术课程

课程类别		课程时间	适合学段	课程对象	能力目标
常规普及型		课堂教学	1—9年级	全体学生	艺术感受力、创造力
特色发展型	兴趣型	课后服务	1、2年级	社团组员	艺术感受力
	素养型	课后服务	3—7年级	社团组员	艺术表现力
	能力型	课后服务	8、9年级	社团组员	艺术鉴赏力

在常规普及型艺术课程实施中,学校倡导艺术与其他学科的融合,鼓励教师在教学实践中探索跨学科教学的可行路径,凝练跨学科教学的实践智慧,形成跨学科教学。同时,要求学生在教师的指导下,完成一项富有跨学科视野的艺术作品或成果,如配乐诗朗诵、书画创作、课本剧等等,从而做到学、思、行的有机统整。

在特色发展型艺术课程实施中,学校依据课程类型进行划分,如兴趣型艺术课提倡"以玩促学",素养型艺术课提倡"以学研习",能力型艺术课鼓励"以习致用"。学生通过亲身经历和体验的方式,沉浸于艺术世界中,从而提升艺术修养和创造能力。这一类课程尤其注重以艺术学科为支点,实现学科之间、五育之间的深度融合,如体现艺术与德育相结合的"上海说唱""青鸟剧社"社团,体现艺术与智育相结合的"乐高机器人社团""卡魅课程",体现艺术与体育结合的"棋艺社团",体现艺术与劳动教育结合的"趣味插花""木作工艺"等社团。每一门课程都力求最大程度打破艺术与其他学科的边界,挖掘艺术与其他学科相互作用下的教育价值。

2. 聚焦校外艺术教育实践

学校充分认识到非正式学习环境对激发学生学习兴趣、培育学生创新能力具有举足轻重的作用。当下，艺术馆、博物馆等场馆资源迭代升级，以推进场馆数字化、场馆公众化，让更多的公众走进场馆，让更多的公众感受到场馆的价值所在，为丰富个人发展提供支撑，为社会高质量发展提供服务。这一转变为学校艺术教育的推进提供了新思路、新视野，即充分利用正式学习环境和非正式学习环境，将二者有机整合，互相补充。学校可以学习借鉴场所教育的理念、设计与方法，同时也可以把好的课程引入到场馆中去，实现互惠共赢。

上海是一座拥有159家博物馆、90多家美术馆、众多图书馆和纪念馆的国际化大都市，这些场馆是不可忽视的学习空间和教育场域。学校需要提前融入、提前探索，从而为学生提供更为开阔的环境，从而有助于学生更好地了解历史、了解人类文化、了解艺术，更好地理解学科知识、体会学科知识、丰富知识体验，使得学习更加有趣，更加有意义；也有助于提高学生的审美素养、艺术修养，提升学生的文化鉴赏、人文精神，培养学生的综合能力，以及探寻学生的兴趣爱好，甚至能够为学生职业生涯规划提供参照，为学生找到人生的幸福感和价值感。

学校历来鼓励学生走进艺术殿堂，深度体验艺术氛围，让每一个学生通过参观艺术展览、观看艺术演出、参加艺术活动等，体验艺术的魅力和文化的厚重。2023年2月15日，学校组织学生在中华艺术宫参观学习，把课堂搬到了艺术殿堂，开设了一堂精彩纷呈、沉浸式美育现场教学的开学第一课。我们的美术老师在现场教学，同时邀请专业的指导老师带领学生参观，进行讲解和解读，帮助学生更好地理解艺术作品的内涵和价值。2023年9月1日，学校组织学生在中共四大纪念馆升国旗，讲红故事，跟随馆长老师参观听课，学习革命先烈不畏艰难、舍己为人、顽强不屈的高尚品德，铭记革命先烈，追寻红色征程，为实现中华民族伟大复兴奋斗！

（二）线上线下同步推进

学生艺术教育活动不仅需要充足的时间与空间，也需要有丰富的资源与素材。如何打破时空的限制，挖掘校外优质教育资源，就成为学校艺术教育实践日常思考的问题。为了让艺术教育融入生活、融入社会，学校因地制宜地开发了线上线下相结合的馆校联动课程。

自2021年12月开始,学校先后有2 000余名学生参与了馆校联动课程。如学校和上海航宇科普中心联合研发航空航天课程,我们的师生和航宇科普中心的专业讲师相约云教室,每位学生都可以清晰地听到专业讲师讲述的学习内容,观看讲师做实验,同时也可以在学习过程中与讲师及时互动,与其他班级的学生一起参与答题活动,让更多的师生听到个人的思考与困惑,也会有更多的师生进行回应与释疑……整个课堂将学习参观、互动交流、及时评价等环节有机融合,凸显出混合课堂教学的优势,让学生不仅产生了学习的动力,而且丰富了学习经历。我们欣喜地看到,学生在课上会依据学习单认真听讲、做笔记,积极举手发言,以及通过电子触摸大屏和音频与线上教师和其他学校学生线上互动。课后,学生还将学习单最后一页的纸飞机制作出来,并将载着自己梦想的纸飞机放飞出去。

疫情居家学习期间,学校更是把特色馆校课程从教室转移到学生家中,满足学生在特殊时期的教育需求。我们一方面邀请场馆优秀的专业讲师为学生绘声绘色地讲解相关知识,另一方面也把线下的实践活动转为线上活动。如"遇见敦煌"课程,馆校课程力求五育融合。众所周知,敦煌是历史名城,更是美学圣地,是不可替代的优质教育资源。学校邀请敦煌研究院的专家学者,首先在线上为学生讲述敦煌壁画中的图案;紧接着学生与专家学者进行互动交流,进一步领略人文美学,吸收历史文化,增强民族自信;最后在课后独立完成自己的"连珠纹"创作,做到动手实践创新。学生参与整个学习历程,不仅留下了精彩纷呈的图案作品,还发自内心地感叹敦煌的无穷魅力:"莫高窟可称作中国传统文化的百科全书!""历史是多么迷人啊!""我认识到了中华传统文化的优美。"学校通过线上教育平台,活用国内外、区内外的优质场馆资源,将优质场馆资源与学校课堂教学有机结合,师生、生生实现跨时空互联,丰富学生学习体验,确保学生的主体地位得以充分彰显,让学生成为学习的主人。

(三)家庭学校社会携手共育

"双减"政策的落地与实施要求家校社协同共育,依托共筑、共建、共创等多种途径,形成面向立德树人根本任务的教育共同体。为了让学生走进校园后就能感受到艺术的魅力,享受到艺术的浸润,学校秉承环境育人的教育理念,从环境营造出发,包括学校周边、校内布置,家庭氛围等多个方面。一是在校园周边布置上,我们将校园所在的辉河路打造成"最美上学路",沿途用我校学生的剪纸、美术等艺术作品进行装饰布置,使学生走在校园外也能被艺术气息包围。这一举措获得社会公众的积极响应,甚至有社会公众持续参与其中献计献策。二是在校内布置上,我们精心设计,让每个空间都有艺术的气息。如我们的走廊是绘画的展览,我们的转角是书法的世界,我们的操场是摄影的天地,我们的电子屏滚动播放的是学生乐器演奏,学生上下课、午休、放学都有音乐的陪伴。除此之外,学校还利用"红领巾广播"介绍艺术知识,交流艺术作品。这些细节让每个学生浸润于艺术的世界中,不仅能获得身心放松,也能够提升审美修养。三是在家庭氛围上,我们倡导家长陪伴孩子走进博物馆、艺术馆等教育场馆,引导家长支持孩子进行艺术教育学习,从而为孩子全方位营造良好的成长环境,持续激发孩子的学习动力,提升孩子艺术学习的品质。

三、艺术教育的实践启迪

学校在大美育的视域下,依托家校社育人共同体,整合校内校外优质教育资源,采用线上线下教育方式,不仅可以让学生接触到更多的文化艺术资源,丰富学生的体验,拓宽学生的视野,激发学生的兴趣和创造力,还能提高学生的审美素养、艺术修养,增强艺术鉴赏能力、人文精神,培养学生创新精神、社会责任感、公益意识、团队合作意识和领导才能等综合能力。这些能力和素养的培育能够为学生日后的学习和职业规划奠定坚实基础,同时也能够为学生的终身学习和创造精神提供良好环境,助力学生的全面发展和幸福成长,实现当下与未来的深度链接,实现文化传承与发展的有机链接。

一方面,学校按照学生年龄特征,组织系列特色活动。其中"艺术·行走"是组织中年级学生走向各类场馆,比如歌剧院、艺术馆、音乐厅等,提高他们的审美能力,激发他们的爱国情感。"艺术·联结"则是鼓励高年级学生走近艺术名人,以访谈、考察等形式深入体会艺术的人文色彩,培养他们的艺术修养与人文素养。当我们的学生徜徉在世界艺术的圣殿,浏览传世瑰宝,就会在无声中感受艺术的力量;当我们的学生对话艺术大师,就能近距离感受他们的智慧,继而在艺术的洗礼下,涤荡世俗的纷繁,以澄澈的心灵去追寻更美好的未来。尽管这些活动还在探索、深化的过程中,但我们在实践中已愈加地感受到艺术的价值所在,愈发地重视艺术对学生健康发展的促进作用。

另一方面,为了让艺术教育活动更好地发挥育人价值,学校在活动过程中特别关注学生意志品质的锤炼,关注学生兴趣爱好的培育。顽强的意志、坚韧不拔的毅力,不仅是一个人取得成功至关重要的非智力因素,更是学术素养不可或缺的关键要素。在"双减"背景下,我们转变视角,把学习视为一次充满挑战的、修炼人生的生命历程。在这个过程中,学生需要有顽强意志、坚韧毅力,才能够更好地直面挑战,获得幸福。兴趣爱好是学术素养的基本内涵,要把激发学生好奇心,葆有对未知世界持续探究的欲望,作为培育学生学习兴趣的起点,通过丰富的课程与活动,让学生在积极、主动、广泛的参与中,逐渐发现自己的优势所在,并投入更多的时间和精力展开深入的学习,引导学生在持续学习中,将这种优势转化为学习的兴趣和志趣、爱好和特长,甚至成为自己未来的职业发展方向。

我们相信,在素养导向下的艺术教育有大美育的视野,学校的艺术教育实践将会开启全新的篇章,进一步充分发挥家校社协同育人的作用、优质课程资源育人的价值、环境育人的作用,从而实现以美育人、以美化人、以美润心、以美培元,实现美育与德育、智育、体育、劳动教育的深度融合,孕育学生的美好心灵,陶冶学生的精神世界。

参考文献

[1] 刘月霞,郭华.深度学习:走向核心素养[M].北京:教育科学出版社,2018:11+15.

[2] 张瑾瑜.跨学科视域下的艺术教育教学模式研究[J].美与时代(下),2020(12):127-129.

[3] 程明太,陈怡倩.中外艺术教育研究新趋势[M].上海:上海教育出版社,2019:12.

新课标背景下九年一贯制学校"三乐·六美"课程规划与实施探索

上海市松江区民乐学校　谢红新

摘要： 为响应新课程标准的新要求,切实提升学校课程领导力,上海市松江区民乐学校以区域特色为基础,基于全人教育办学理念,根据九年一贯制学校特点,规划并实施"三乐·六美"课程。"三乐·六美"课程注重五育并举,为学生全面而有个性的发展开辟了路径,强调课程内容综合化,关注大单元、大概念及真实生活,以评价促课程。

关键字： 新课标　九年一贯制　课程领导力

一、"三乐·六美"课程规划与实施的背景

2022年《义务教育课程方案和课程标准》(以下简称新课标)颁布,要求立足学生核心素养发展,发挥学科育人功能,注重综合实践活动,明确应该促进学习方式的变革,并倡导课程评价的过程性和整体性,重视评价的导向作用,做到教学评一致性。新课标对学校课程规划与实施提出新要求。

（一）着眼核心素养培养

学校课程规划与实施应该聚焦发展学生核心素养,培养学生适应未来发展的正确价值观、必备品格和关键能力,引导学生明确人生发展方向,成长为德智体美劳全面发展的社会主义建设者和接班人。

（二）关注课程内容综合化

学校应基于培养目标,优化内容,创新组织形式,加强学科间的融合与关联,关注大单元、大概念,关注跨学科主题学习,以期实现课程综合化,面向真实生活,体现课程的实践性要求。

（三）强调学段之间的衔接

新课标要求要遵循学生身心发展规律,注重不同学段课程目标之间的衔接,

体现学习目标的连续性和进阶性；课程内容应当螺旋上升，加强一体化设置，提升课程科学性和系统性，进一步精选对学生终身发展有价值的课程内容。

二、"三乐·六美"课程规划与实施

（一）"全人教育"——"三乐·六美"课程理念

新课标着力培养学生的核心素养。结合校情、学情，我校"三乐·六美"课程目标指向"全人"培育。所谓"三乐"即培养学生乐学、乐思、乐行；"六美"即育德美心、怡文养情、格物美智、尚雅美艺、健体美形、崇劳美创；全人即完整的人，全面发展的人。培养全人，就是最大限度地发挥人的潜能，全面提升人的价值。基于这样的认识，并针对学校课程建设与发展的瓶颈问题，我们提出"全人教育"的课程理念，具体表现为"三全"。

第一，全线提高。学校课程的规划、实施符合学科育人的规律和学生身心发展的规律，各年段的课程之间体现内在的衔接性与推进的阶梯性。进一步提升学校传统特色课程的品质，以追求课程建设与实施的卓越、优秀，努力做到"科科有特色，段段有衔接"，让"九年一贯"的课程教学助推学生素养提升。

第二，全面发展。学校以培养学生的核心素养为出发点，着力于课程开发与实施的发展、改进。学校开足、开全国家课程规定的八大学习领域相关科目，打破单科独进模式，增强融合性课程的开发力度，力争做到"门门有精品、人人有选择"，为学生德智体美劳全面发展和人格个性健康成长提供优质资源。

第三，全程育人。一方面指向学生在学校、家庭、社会教育中的学习体验，另一方面指向学生带得走的且终身受益的核心素养的培养，即普遍性、一贯性。学校注重学科育人价值，拓宽课程开发的视野，统整校内外课程资源，将学校学习、家庭生活、社会实践紧密联系在一起，努力实现"时时有教育、处处有学习"，为学生终身发展奠定坚实的基础。

（二）两极五育——"三乐·六美"课程目标

"三乐·六美"课程以"培养学生'主动学习的态度'和增进学生'学习的获得感'"为两极，注重在学习过程中落实核心素养的培养，促进学生德智体美劳全面发展。"三乐·六美"课程明确了以下教育目标：（1）激发学习兴趣，培养学生"乐学、乐思、乐行"主动学习的意愿；（2）加强学习体验和情感教育，注重培育学生丰富、美丽的内心世界；（3）提升核心素养，引导学生正确思考并能融入社会，积极行动。

表1 "三乐·六美"课程评价视角与培养目标

评价视角 / 培养目标	主动学习的态度（激发学习兴趣，培养"乐学、乐思、乐创"主动学习的意愿）	核心素养与行动能力（提升核心素养，能正确思考并能融入社会，积极行动）	学习的获得感（加强学习体验和情感教育，注重培育丰富、美丽的内心世界）
育德美心	立足综合素养，塑造良好品德与行为习惯，培养人文底蕴与科学精神，激发爱国情怀，增强社会责任感，促进身心健康发展	培育社会主义核心价值观，培养创新精神、实践能力，养成爱祖国、爱劳动、爱学习的良好品德	树立坚定的理想信念，养成良好的行为习惯，拥有良好的社会品德
怡文美情	培养多读书、爱读书的习惯，热爱祖国语言文字，乐于沟通情感、交流思想	培育批判思考的意识，夯实语言理解与运用的能力，增进对祖国文化的认同	培养文字的感受力和想象力，提升审美情趣，能运用多种形式表达自己的见解
格物美智	亲近自然、热爱探究，养成注重观察思考、严谨务实的科学精神，培育问题意识，培养主动解决问题的态度	学习观察、实验、调查等基本技能，主动探究身边的事物与现象，为解决问题有计划地采取行动	在各项探究活动中反思、总结，善于发现自己的长处与不足；能主动分享经验、成果，与他人进一步友好地合作
尚雅美艺	通过体验音乐、美术等各种艺术活动，陶冶情操，培养热爱生活、丰富生活、表现并创造生活的积极态度	学习艺术鉴赏、表现、创造的基本技能，理解艺术的意义与价值，尝试运用艺术手段丰富自己的生活	在日常生活中，能主动展现自己的才艺，运用艺术手段表达感受、表现生活，并与他人进行友好的交流互动
健体美形	培养讲卫生、爱运动的习惯，乐于尝试各种体育活动，培养健康、开朗、积极向上的生活态度	学习基本的运动知识和技能，理解各种运动的意义以及与自己生活的关系，身、心一体地进行体育锻炼	运用自己对体育和保健的认识，主动寻找自身与他人的问题，在解决问题的过程中能互相鼓励、互相帮助
崇劳美创	积极投身于社会实践活动，意识到自己与身边的人、社会以及自然生态的紧密联系，培养服务社会、造福社会的生活态度	在具体活动的体验过程中，掌握社会生活必需的基本技能，主动思考自己生活的意义与价值，尝试进行积极的改变	主动融入社会，与他人合作，共同致力于服务社会的实践活动，在实践中学会检验、反思，及时总结自己的学习成果

（三）课程架构——"三乐·六美"课程体系

秉持全人教育课程理念，着力构建"三乐·六美"课程体系。

1. 融合德育目标的"育德美心"课程群

推进国家规定的"道德与法治"等课程的校本化实施。立足本校德育特色项目建设，深入挖掘项目中与学生核心素养培育相契合的点，形成本校分年段的德育活动体验课程及实施策略。

2. 融合人文底蕴的"怡文美情"课程群

推进国家规定的"语文""英语""历史"等课程的校本化实施。学校制定并落实"书香领航计划"，积极开展"中华经典诵读""校园读书节"等活动。

3. 融合创新能力的"格物美智"课程群

推进国家规定的"数学""自然""科学""物理"等课程的校本化实施。为满足学生优势智能发展的需要，学校不断完善融合创新能力培养的课程内容与学习形式，每学年开展"校园科技节"，在课程的学习和活动中激发学生创新智能，使其从小养成爱科学、学科学、用科学的品性。

4. 融合高雅情趣的"尚雅美艺"课程群

推进国家规定的"音乐""美术"等课程的校本化实施，增强学生艺术审美体验，培养学生艺术审美情趣。优化学校"一管独秀，众花争艳"艺术特色项目，建设以管乐为龙头，以打击乐和声乐为二翼的"三乐"课程，有效提高书法、舞蹈、绘画等社团活动的课程化程度。组织好每学年的"校园艺术节"活动，全面展示学生艺术学习成果。

5. 融合强健体质的"健体美形"课程群

推进国家规定的"体育与健身"等课程的校本化实施。学校挖掘各类资源，通过外聘、内培教练，建构击剑、武术、轮滑、三大球、健美操、网球等活动体验课程，借助展示多样体育技能的"小小体育节"、体现体育运动素质的"校园运动会"，不断激发学生兴趣，发展学生特长，促进学生身心健康。

6. 融合社会资源的"崇劳美创"课程群

推进国家规定的"生命教育""社会实践"等课程的校本化实施，提高与班队活动、日常行为规范教育整合的整体质效。做精"我们去哪儿——小脚走天下"行走课程，实现校内、社区、社会资源有机融合。进一步开发与建设好"小能手劳动实践""生命救护""小蜜蜂志愿者"等社会实践课程。

（四）教学评一致性——"三乐·六美"课程评价

新课标强调"教学评一致性"。学校对学生的课程学习情况进行评价，并将其结果运用于学生学习、教师教学以及学校课程建设等方面,是学校整体提升办学质量的关键所在。"学习指导"与"学生评价"贯穿学校教育活动,发挥着基于有组织、有计划地提升办学质量的"课程管理"核心作用。

为了实现指导和评价的一致性,更加重视学生学习的主体地位,学校根据教学要求,审视、回顾学生学习的整个过程,从加强学生学习主动性的培养、核心素养的落实以及学习获得感的培育入手,切实改进教学指导,促进学生不断发展。"三乐·六美"课程评价体系从主动学习的态度、核心素养与行动能力、学习的获得感的视角评价课程。

教学评一致性下的"三乐·六美"课程将教、学、评融为整体。对教师而言,在组织实施具体课程项目的过程中,须一边进行面向学生的主动学习的态度、核心素养与行动能力、学习的获得感等方面的教学改善,一边在评价的具体场景和方法上下功夫,以更好地评价学生的学习过程和学习成果。

基于以上分析,确立了评价工作开展的基本指导思想,即评价要促进学生主动、全面、持续地发展,要有利于提高教师教学指导能力,要指向学校办学质量的提升。为此,形成了课程实施评价表,见表2。

表2 "三乐·六美"课程实施评价表(试行)

关注点	评 价 视 角			得分
	主动学习的态度	核心素养与行动能力	学习的获得感	
目标贯通与资源整合(20分)	依据课程标准、教材、单元计划,针对学生实际,制定三维统一、重难点突出、清晰明了的教学目标;合理安排好相应的资源配置	抓住表征学科核心素养的关键知能,引导学生在主动参与的学习活动中,有效把握重点,化解难点	树立目标意识,自主分析学习目标达成度,养成自我检验学习效果的良好习惯;积极利用学习资源,获取良好的学习成果	
重点引领与活动指导(30分)	精心设计问题,运用恰当的教学方法和现代教育技术,通过新旧知识联系与迁移,激发并保持学生兴趣;抓住重点,引导学生从不同角度分析问题、思考问题,化解难点,引起学生思维共鸣	精心设计问题,引导深度学习,培养高层次思维;学会合作与沟通	凭借已有的知识和经验,能动地学习新知,生成学习的愉悦感;通过参与学习活动的全过程,获得分享与合作的乐趣	

续　表

关注点	评　价　视　角			得分
	主动学习的态度	核心素养与行动能力	学习的获得感	
经历体验与重构创造（35分）	提高学生参与的广度与深度，引导学生反思交流，鼓励学生提出自己的观点，并陈述理由；在问题解决的过程中获得解决策略	引导学生自主尝试解决问题，组织学生开展讨论、互评，在亲身经历与体验中，自主建构，灵活运用，个性化表达	在问题解决、实现知能的自我建构过程中，获得学习的自信和成就感	
反馈调整与综合运用（15分）	通过教学过程检测，及时调控教学，保证课堂生成质量；通过教学目标达成度的检验，归纳方法，引导学生巩固提升，提高综合运用的能力	掌握基本知识和基本方法技能，主动对标课堂目标达成度，提升反思、解决问题和应用知识的能力	主动融入课堂，倾听他人想法，积极发表见解；在实践中学会检验、反思、总结与调整；懂得学习的意义，体验知识的获得感和合作交流的幸福感	
A：90—100 分；B：75—89 分；C：60—74 分；D：60 分以下				
总体评价				

三、研究总结与展望

上海市松江区民乐学校立足九年一贯制学校德智体美劳课程特色项目，积极构建"三乐·六美"课程体系，实现国家课程的校本化实施。"三乐·六美"课程聚焦基础型课程校本化实施，强调课程内容综合化，强调各学段之间的衔接。

"三乐·六美"课程实现学习指导与学习评价的一体化。课程每个模块的目标和内容都是以"主动学习的态度""核心素养与行动能力""学习的获得感"三大视角进行构建的，并阐明了相应的学习要求。教师整体把握所期望的学习成果，加强学习过程中指导的针对性，尤为重视学生学习的主体地位，注重学生学习主动性的培养、核心素养的落实以及学习获得感的培育。

人工智能等技术的发展，为课程的开发与实施提供了便利条件。学校将借助信息技术手段共享课程教学资源，改进传统课堂教学方法与策略；利用信息技术手段增强评价效能，将课堂教学的育人效果最大化。

参考文献

［1］［2］中华人民共和国教育部.义务教育语文课程标准(2022 版)［S].北京：北京
师范大学出版社,2022：2.

［3］蒋昕宇.新课标背景下高中语文选修课程开发与实践探索——以成都七中嘉祥
外国语学校"语文与博物"课程为例［J].宁夏大学学报(人文社会科学版),
2022,44(2)：163 - 169.

［4］杨聂慧.核心素养视角下信息技术与语文教学的融合——以南宁外国语学校
"智慧课堂"教学为例［J].广西教育,2022(5)：111 - 115.

编　后　语

《九年一贯制学校办学的实践智慧》这本书是由上海市教育学会九年一贯制学校管理专业委员会和上海市教育科学研究院普通教育研究所合作，是继《九年一贯制学校办学方略与实践》(2010 年)和《九年一贯制学校办学实践与思考》(2014 年)之后，又一次集中筹划的第三本关于上海九年一贯制学校近 10 年来尤其是近年来办学教育创新与变革的实践探索和成功经验的集锦。

《九年一贯制学校办学的实践智慧》于 2022 年底由上海市教育学会九年一贯制学校管理专业委员会策划，2023 年 4 月正式启动，从主题的选定和学校的遴选到文章的撰写，再到最后的修改统稿，历时整整一年的时间。在整个筹划过程中，本书得到了上海市教育学会九年一贯制学校管理专业委员会理事和校长们积极的响应和行动，不少学校的校长和主任教师从内容选定、题目拟订，到文章起草撰写，多次研讨，几易其稿，精益求精。上海市教育科学研究院普通教育研究的研究人员从征文策划、全书框架，到报告撰写、修改统稿，全程参与，通力合作，可以说本书的出版是编委会、理事们、校长、教师和研究人员共同努力、辛勤耕耘的集体智慧。

本书的筹划和出版得到了市教会基教处副处长刘中正和周冬老师的热情支持，并得到了上海教育学会领导和秘书处的鼎力相助，还得到了上海市教委领导的关心和大力支持。市教委副主任杨振峰教授在百忙之中挤出时间为本书作序，在此，我们谨代表九年一贯制学校管理专业委员会表示衷心的感谢。

本书的顺利出版，我们还要感谢上海教育出版社领导和编辑的大力支持和协助。

《九年一贯制学校办学的实践智慧》呈现的 20 余所学校的经验和案例，既有学校长期的积淀，还有近年来学校在核心素养、发展素质教育导向下，在"双新""双减"政策引领下的新的思考、新的探索和新的成果，具有明显的先进性和鲜明的时代色彩。我们期望本书能给九年一贯制学校校长、教育行政领导和研究人员带来新的启示,打开新的视角。让我们同心协力,互相交流,为办好中国的九年一贯制学校,为促进基础教育优质均衡高质量发展添砖加瓦,贡献我们的一份智慧和力量。

　　上海九年一贯制办学的成功经验和实践智慧,其精华远不止我们提及的 20 余所学校,限于时间精力和研究水平,我们无法也不可能穷尽所有好学校的好经验,还请大家多多见谅。由于我们造诣不深,学识有限,如有错漏和不当之处,恳请读者批评指教。

编　者

2024 年 3 月